"十四五"职业教育国家规划教材

中等职业教育旅游类专业核心课程教材

ALCOHOL DRINKS
AND BEVERAGE
SERVICE

酒水服务

（第3版）

主　编　文　珺　刘　玉　曾　萍
副主编　赵丽华　胡　瑾　陈　莹
　　　　张　玉　喻敏捷　罗　琳

旅游教育出版社
·北京·

图书在版编目（CIP）数据

酒水服务 / 文珺，刘玉，曾萍主编. -- 3版. --北京：旅游教育出版社，2023.12（2025.8重印）
"十四五"职业教育国家规划教材
ISBN 978-7-5637-4639-2

Ⅰ．①酒… Ⅱ．①文… ②刘… ③曾… Ⅲ．①餐厅－商业服务－中等职业教育－教材 Ⅳ．①F719.2

中国国家版本馆CIP数据核字(2024)第000871号

"十四五"职业教育国家规划教材
中等职业教育旅游类专业核心课程教材
酒水服务（第3版）
主编 文珺 刘玉 曾萍

副主编 赵丽华 胡瑾 陈莹 张玉 喻敏捷 罗琳

策　　划	景晓莉
责任编辑	景晓莉
出版单位	旅游教育出版社
地　　址	北京市朝阳区定福庄南里1号
邮　　编	100024
发行电话	(010)65778403　65728372　65767462(传真)
本社网址	www.tepcb.com
E-mail	tepfx@163.com
印刷单位	唐山玺诚印务有限公司
经销单位	新华书店
开　　本	787毫米×1092毫米　1/16
印　　张	11.25
字　　数	156千字
版　　次	2023年12月第3版
印　　次	2025年8月第2次印刷
定　　价	39.80元

目录 CONTENTS

总码

第3版出版说明/1

第2版出版说明/1

第1版出版说明/1

教学及考核建议/1

项目❶ 职业定位/1

    模块1　了解酒吧/1

    模块2　做一名优秀的调酒师/8

项目❷ 对客服务/13

    模块3　认识酒单/13

    模块4　酒吧服务程序/18

项目❸ 开吧工作/29

    模块5　补充陈列酒水/29

    模块6　摆放酒具/40

    模块7　擦拭酒杯/45

    模块8　检查设备/50

项目❹ 调制鸡尾酒/53

    模块9　调制鸡尾酒/53

    模块10　自创鸡尾酒/82

项目❺ 酒水出品服务/87

模块 11　蒸馏酒的出品与服务/87
模块 12　啤酒的出品与服务/97
模块 13　葡萄酒的出品与服务/108
模块 14　软饮料的出品与服务/120

项目❻ 酒水销售/123

模块 15　酒水推销/123
模块 16　主题酒会策划/128

项目❼ 收吧工作/139

模块 17　酒水盘存/139
模块 18　清理吧台/142

附录1：酒水服务英语常见词汇/145

附录2：酒水服务英语常用表达/150

附录3：酒水服务英语日常对话/155

二维码资源列表/159

参考资料/163

后记/164

第 3 版
出版说明

此教材再版之际,正值中国共产党第二十次全国代表大会胜利闭幕之时。

为贯彻落实党的二十大精神,按照教育部教材局和职业教育与成人教育司要求,我社在前期根据专家审读意见和各省教材排查问题清单、修改完善教材的基础上,结合教材有关内容,及时全面准确体现党中央的最新要求,进一步修改完善了"十四五"职业教育国家规划参评教材、参加复核的"十三五"职业教育国家规划教材,加快推进党的二十大精神进教材,进课堂,进头脑。

首先,落实"立德树人根本任务"进教材。充分发挥教材的思政作用,推进思想政治教育与专业课教材的一体化建设,推动理想信念教育常态化发展,把社会主义核心价值观教育融入教材编写中。具体落实时,或按照中等职业教育旅游类和餐饮类专业不同服务岗位的职责特点、工作内容,在教材中新增"思政教学资源"模块,融入爱国、敬业、诚信、友善等社会主义核心价值观教育,设计了中国服务者宣言;热爱专业,创新奋进;服务业中的劳模;职校生的责任担当;幸福都是奋斗出来的;一起向未来等思政专题。或新增"教学及考核建议""考核标准",特别增加德育考核指标,把课程思政的功能和作用充分体现在专业课教材的编写中,培养造就大批德才兼备的高素质人才。

其次,落实"制度自信、文化自信"进课堂。充分发挥旅游业服务国家"高水平对外开放"的功能和作用,响应国家从以制造业为主的开放扩展到以服务业为重点的开放政策,将教材的编写与开发重点放在培养面向高水平对外开放的旅游服务人才上,开发了《西餐制作》《西式面点制作》《西餐原料与营养》《热菜制作》《冷菜制作与艺术拼盘》《食品雕刻》《酒水服务》《饭店服务情境英语》《导游讲解》《旅游服务礼貌礼节》《旅游概论》等外向型专业课精品教材;或增设"思政教学资源"学习模块,设计了从中国饭店业的发展历程看中国改革开放的伟大成就、中国传统文化中的匠人精神等思政专题;或精选了与教材主题相关的中国非物质文化遗产、红色旅游文化、革命传统文化、餐饮文化、古诗词、礼仪之邦的待客之道等内容，有机融入中华优秀传统文化、革命传统、民族团结、健康中国及生态文明教育，努力构建中国特色话语体系；或把对传统文化的审美融入菜品制作中，体现了教材的思想性、艺术性和适用性，教育学生自信自强、守正创新。

第三，落实"工匠精神和劳模精神"进头脑。重新梳理了旅游类和餐饮类专业的课程设计思路，将工作岗位要求具备的职业意识、职业道德、职业行为规范、创新精神和实践能力等内容融入从"酒吧服务"到"酒水出品服务"等岗位工作过程中，再按照"由简单到复杂"的认知规律设计学习情境、组成课程内容，每个学习情境都是一个完整的工作过程。这一过程不仅包括了对学生职业技能的培养，更包含了对学生专业精神、职业精神、工匠精神和劳模精神潜移默化的培养。在部分教材中穿插设计"思政教学资源"学习模块，内容涉及凡事预则立，不预则废；让工匠精神照亮职业生涯；劳模精神、劳动精神、工匠精神的深刻内涵；发扬"三牛"精神；服务也需要创新意识；职校生的管理思维等思政专题，把工匠精神和劳模精神武装进头脑。

前期根据专家审读意见和各省教材排查问题清单，我社组织教材编写人员及相关编辑及时制订修改计划，逐条落实专家意见，对《酒水服务》教材进行了较大幅度完善。

第一，新增【牛刀小试】板块，在丰富专业学习的同时，帮助学生树立良好的职业意识，增强文化自信。主要新增了如下内容：弘扬中国传统文化、锻炼学生创新能力的下列内容：太白楼与中国的酒馆文化；创新酒单设计；"中国功夫"很有功夫（用中国白酒做基酒调制鸡尾酒）；一借杯盏诉衷情（用中国传统酒具盛装鸡尾酒）；让鸡尾酒散发国风的诗意与浪漫；鸡尾酒里的中国味道；葡萄美酒夜光杯——说说中国的葡萄酒；餐酒搭配我做主。

第二，新增【思政园地】板块，把课程思政的功能和作用充分体现在专业课教材的编写中，培养造就大批德才兼备的高素质人才。主要新增了如下内容：从中国饭店业的发展历程看改革开放的伟大成就、让工匠精神照亮职业生涯、服务业中的劳模、中国服务者宣言、中国传统文化中的匠人精神等。

第三，本书涉及的服务流程标准及技能技法主要见于酒吧服务程序、酒水领用补充工作流程、酒水陈列工作程序、酒具摆放标准、清洗回收酒杯、擦拭酒杯操作流程、设备设施检查流程、鸡尾酒调制步骤与程序、蒸馏酒的出品与服务、啤酒的出品与服务、葡萄酒的出品与服务、饮料的出品与服务、酒水盘存工作流程等整个酒水服务的全过程。对于每一服务环节的流程标准及操作要点均有较详细的介绍。

第四，教材配套有30个教学微视频，内容涉及鸡尾酒装饰（15个）、酒吧果盘制作（5个）、鸡尾酒调制（3个）、酒水出品服务（4个）及葡萄酒服务（3个）。每个视频均根据酒水服务岗位要求及操作规范进行教学示范，学生可更直观地学习相关技能，并模拟完成工作任务，逐步建立起对酒水服务行业标准的认知，全面培养其职业能力与职业素养。同时配套8套题库、21个音频教学资源，具备了可听、可视、可练的教学功能，其中，单元练习题库、总复习练习题库包括填空、单选、多选、判断、连线、查找、翻译、简答等题型，丰富的题型和题量为日后实现可互动、可考核的教学平台建设奠定了基础。

第五，根据专家意见，将酒水服务英语"常见词汇""常用表达"共15个音频资源二维码直接插入课本相应正文中；将酒水服务英语"日常对话"的文本作为附录3增加到课本中，并在相应文本处插入音频资源二维码；将4个必备专业知识教学资源插入正文相应文本处；各篇的题库仍放在每篇最后，并把全书的总复习模拟练习题库前移至目录处；为方便期末学习，仍在课本最后集中列出所有教学资源二维码。

第六，认真审读过滤图片，对个别图片进行了替换。

第七，在教材开篇，新增"教学及考核建议"。

第3版教材包含纸质教材、听力练习、必备专业知识、题库、教学视频共五部分内容。

纸质教材为"十四五"职业教育国家规划教材，它以"职业全程模拟"教学模式为理论依据，按照学习者的成长规律和认知规律设计编写框架，以培养符合中等职业教育旅游类实用技能型人才为培养目标，以项目的设定为教学任务，按照最新、最权威的行业规范及标准对编写内容进行了梳理和整合。全书共有7大项目、18个模块，学习者可通过每一模块中的工作任务及引导问题开展知识点的体验与探究，最后在实训练习中对该项任务进行评价考核。教材的教学案例丰富，知识架构紧凑，知识点明确，图文并茂，具有较强的可读性、操作性和趣味性。

听力练习涉及专业词汇、常用表达、日常对话三部分内容；必备专业知识包括世界经典鸡尾酒配方、不同色度啤酒、葡萄酒的颜色鉴别、西餐与葡萄酒的搭配共 4 个与酒水制作和服务密切相关的知识点，题型涉及填空、选择、简答、连线、翻译等；题库针对全书七个项目的内容设计，最后还设计了一套针对全书各知识点的模拟练习题；教学视频包括鸡尾酒调制等 30 个资源，通过配套教学资源的逐步完善，力求为学生提供多层次、全方位的立体学习环境，使学习者的学习不再受空间和时间的限制，从而推进传统教学模式向主动式、协作式、开放式的新型高效教学模式转变。

本教材既可作为中职院校学生的专业核心课教材，也可作为岗位培训教材。

旅游教育出版社

2023 年 10 月

第 2 版
出版说明

《酒水服务》是中等职业教育旅游类专业核心课程教材,第 1 版于 2019 年出版,2020 年,该版教材入选"十三五"职业教育国家规划教材。

为满足中等职业教育旅游类和餐饮类专业人才的培养需求,贯彻落实《职业教育提质培优行动计划(2020—2023 年)》和《职业院校教材管理办法》精神,我们对《酒水服务》第 1 版进行了修订。概括起来,第 2 版教材主要按以下要求修订:

(一)以马克思列宁主义、毛泽东思想、邓小平理论、"三个代表"重要思想、科学发展观、习近平新时代中国特色社会主义思想为指导,有机融入中华优秀传统文化、革命传统、法治意识和国家安全、民族团结以及生态文明教育,弘扬劳动光荣、技能宝贵、创造伟大的时代风尚,弘扬精益求精的专业精神、职业精神、工匠精神和劳模精神,努力构建中国特色、融通中外的概念范畴、理论范式和话语体系,防范错误政治观点和思潮的影响,引导学生树立正确的世界观、人生观和价值观,努力成为德智体美劳全面发展的社会主义建设者和接班人。

(二)内容科学先进、针对性强,公共基础课程教材要体现学科特点,突出职业教育特色。专业课程教材要充分反映产业发展最新进展,对接科技发展趋势和市场需求,及时吸收比较成熟的新技术、新工艺、新规范等。

(三)符合技术技能人才成长规律和学生认知特点,对接国际先进职业教育理念,适应人才培养模式创新和优化课程体系需要,专业课教材突出理论和实践相统一,强调实践性。适应项目学习、案例学习、模块化学习等不同学习方式要求,注重以真实生产项目、典型工作任务、案例等为载体组织教学单元。

(四)编排科学合理、梯度明晰,图文并茂,生动活泼,形式新颖。名称、名词、术语等符合国家有关技术质量标准和规范。

（五）符合知识产权保护等国家法律、行政法规，不得有民族、地域、性别、职业、年龄歧视等内容，不得有商业广告或变相商业广告。

序号	原教材		修订情况		
	页码	原教材内容	页码	修订后内容	修订原因
1	001	前言	001	新增第2版说明	对教材的修订情况、定位、内容简介等进行了说明
2	001	前言	001	改写第1版出版说明	全套书统一格式
3	001	二维码工具箱	141	将二维码资源统一放至全书最后	全套书统一格式
4	058	龙舌兰日出	058	特吉拉日出	全书统一专业术语名称
5	070	模块11 单饮类单份酒品出品	070	模块11 啤酒的出品与服务	按酒水大类重新分类并编写
6	079	模块12 单饮类整瓶酒水出品	078	模块12 烈性酒的出品与服务	按酒水大类重新分类并编写
7	085	模块13 软饮料出品	088	模块13 葡萄酒的出品与服务	将原模块14的内容调整至模块13，并进行了改写和补充
8	089	模块14 葡萄酒服务	104	模块14 软饮料的出品与服务	将原模块13的内容调整至模块14，并进行了改写和补充
9	无	第六篇 销售酒水	115	新增"模块16 主题酒会策划"	理论和实践相统一，强调实践性
10			135	新增"附录1：酒水服务英语常见词汇"	理论和实践相统一，强调实践性
11			138	新增"附录2：酒水服务英语常用表达"	理论和实践相统一，强调实践性
12	001-005	二维码工具箱	141-145	酒水服务第2版二维码资源	全套书统一格式

本教材既可作为中职院校学生的专业核心课教材，也可作为岗位培训教材。

旅游教育出版社
2022年1月

第 1 版 出版说明

2005 年，全国职教工作会议后，我国职业教育处在了办学模式与教学模式转型的历史时期。规模迅速扩大、办学质量亟待提高成为职业教育教学改革和发展的重要命题。

站在历史起跑线上，我们开展了烹饪专业及餐饮运营服务相关课程的开发研究工作，并先后形成了烹饪专业创新教学书系，以及由中国旅游协会旅游教育分会组织编写的餐饮服务相关课程教材。

上述教材体系问世以来，得到职业教育院校、烹饪专业院校和社会培训学校的一致好评，连续加印、不断再版。2018 年，经与教材编写组协商，在原有版本基础上，我们对各套教材进行了全面完善和整合。

上述教材体系的建设为"中等职业教育旅游类和餐饮类专业核心课程教材"的创新整合奠定了坚实的基础，中西餐制作及与之相关的酒水服务、餐饮运营逐步实现了与整个产业链和复合型人才培养模式的紧密对接。整合后的教材将引导读者从服务的角度审视菜品制作，用烹饪基础知识武装餐饮运营及服务人员头脑，并初步建立起菜品制作与餐饮服务、餐饮运营相互补充的知识体系，引导读者用发展的眼光、互联互通的思维看待自己所从事的职业。

首批出版的"中等职业教育旅游类和餐饮类专业核心课程教材"主要有《热菜制作》《冷菜制作与艺术拼盘》《食品雕刻》《中式面点制作》《西式面点制作》《西餐制作》《西餐烹饪英语》《西餐原料与营养》《酒水服务》共 9 个品种，以后还将陆续开发餐饮业成本控制、餐饮运营等品种。

为便于老师教学和学生学习，本套教材同步开发了数字教学资源。

旅游教育出版社
2019 年 1 月

教学及考核建议

"酒水服务"是中等职业教育旅游类专业核心课程教材,课程需82课时,教材使用者可根据需要和地方特色增减课时。

教材以学生为中心,以项目为载体,实施"教、学、做"一体化教学模式及考核模式。在教学中教师与学生互动,让学生通过"独立地获取信息""独立地制订计划""独立地实施计划""独立地评价计划",在动手实践中掌握职业技能和专业知识,构建属于自己的经验和知识体系,培养学生的专业技能;通过行动导向教学方法的实施,让学生学会学习、学会工作、学会计划与评估,培养学生的方法能力;通过小组学习的方式,要求学生学会与他人共处、学会做人,在学习过程中培养自己的社会能力。

实施教学时,每学习完一个项目即进行与项目相关的考核。考核方法多元化,小组互测、教师考核等多种方法相结合。考核成绩按大纲要求按比例计入总成绩。其中,学生自评占20%,教师理论考核占30%,教师实操考核占50%。

教学目标
1. 掌握酒吧服务程序、酒水领用补充工作程序、酒水陈列工作程序、酒具摆放标准、清洗回收酒杯标准、擦拭酒杯操作流程、设备设施检查流程、鸡尾酒调制步骤与程序、发酵酒的出品与服务流程、啤酒的出品与服务流程、葡萄酒的出品与服务流程、饮料的出品与服务流程、酒水盘存工作流程。
2. 能熟练使用酒吧设施设备,并能及时妥善保养。
3. 操作时能节约主辅料,养成良好的成本管理习惯。
4. 养成服务意识与团队合作意识。
5. 学会举一反三,创新酒水出品服务和鸡尾酒调制,培养创新意识。

德育目标
1. 能塑造良好的形体形象,具有健康的体魄。
2. 爱岗敬业,具有良好的职业道德,能进行职业生涯规划。
3. 具有较强的自我心理调节能力,有正确的世界观、人生观。
4. 具有适应岗位转换和进行职业拓展的能力。

教学方法
1. 将职业意识和职业道德培养潜移默化地用于教学设计中。
2. 集中式"教、学、做"一体的现场教学方法。

3. 讲授法、演示法、任务驱动教学法。
4. 自主探究、合作式学习。
5. 实操综合能力测试。

课时安排

1. 理论课：20%。
2. 实操课：80%。

建议教学时数

模块	学习内容	学时
模块1	了解酒吧	2
模块2	做一名优秀的调酒师	2
模块3	认识酒单	2
模块4	酒吧服务程序	4
模块5	补充陈列酒水	4
模块6	摆放酒具	2
模块7	擦拭酒杯	2
模块8	检查设备	2
模块9	调制鸡尾酒	30
模块10	自创鸡尾酒	6
模块11	蒸馏酒的出品与服务	4
模块12	啤酒的出品与服务	4
模块13	葡萄酒的出品与服务	6
模块14	软饮料的出品与服务	2
模块15	酒水推销	4
模块16	主题酒会策划	2
模块17	酒水盘存	2
模块18	清理吧台	2

项目 ❶　职业定位

项目1题库

> 今天，是小王到酒吧实习的第一天，酒水部的李经理给小王介绍了酒吧相关情况，并对小王今后的工作提出了具体要求。
> 【想一想】李经理对员工有哪些要求？这些要求对小王从事酒吧工作有哪些作用？

模块1　了解酒吧

听力-专业名词

工作任务

去一家当地知名酒吧调研，实地参观酒吧服务员的工作环境，了解其格局，与酒吧一线员工进行交流，了解其岗位职责及要求。

引导问题

- ❖ 酒吧的种类和经营特点是什么？
- ❖ 酒吧的组织结构是什么？
- ❖ 了解一些世界著名酒吧，感受丰富多彩的酒吧文化。

一、酒吧及其种类

酒吧一词英文名称为"Bar"，原意为栅栏或障碍物。相传，早期的酒吧经营者为了防止发生意外，减少酒吧财产损失，一般不在店堂内摆放桌椅，而是在吧台外设立横栏，一方面起到阻隔的作用，另一方面可以为骑马而来的饮酒者拴马或搁脚提供方便。久而久之，"有横栏的地方"便成为酒吧的代名词。

"Bar"一词开始被广泛使用大约是在19世纪30~50年代的美国。

19世纪中叶，随着旅游业、饭店业的兴起和发展，酒吧进入饭店业，并越来越显示其重要性。

我国《星级饭店的划分与评定（GB/T14308—2010）》规定：四五星级饭店应有专门的酒吧或茶室。

酒吧是饭店一个重要的分支部门。在一些中小型饭店，酒吧直接隶属于餐饮部；在一些大型饭店，则专门设立酒水部，负责酒水的供给和服务工作。作为一个服务的整体，酒吧工作群体可以分成两个部分：一部分是负责酒水供应及调制的调酒师；另一部分是专门负责对客服务的酒吧服务员。

1. 站立式酒吧（The Stand-up Bar）

站立式酒吧，是国内外饭店中最常见的酒吧形式之一，又称为美式站立式酒吧、独立封闭式酒吧等。站立式酒吧的核心是吧台，其设置形式通常有直线形、马蹄形、环形等。

站立式酒吧的特点是，客人面对调酒师直接坐在吧台前，调酒师从准备材料到酒水的调制和服务全过程都在客人的注视下完成，由此决定了调酒操作具有明显的表演性，因此对调酒师的仪容仪表、操作技能及与客人的交流沟通技巧等要求都较高。

站立服务的调酒师

2. 服务型酒吧（The Service Bar）

服务型酒吧，是附属于中西餐厅的酒吧，以供应小食和各类佐餐饮料为主。其构造比较简单，除工作台外，还要配置足够的冷藏柜、葡萄酒柜和装饰精美的酒水展示柜。

服务型酒吧的服务员一般不直接对客服务，其主要根据酒吧的标准配置和库存准备各类酒水饮料，按酒水订单供应酒水。

服务型酒吧通常是职业调酒师工作的起点，它为调酒师全面熟悉各类酒水饮料提供了一个良好的训练场所。

3. 鸡尾酒廊（The Cocktail Lounge）

鸡尾酒廊，通常是饭店销售酒水的主要场所，它是饭店的主酒吧，其装潢精致、风格各异，往往是一个饭店等级的象征。

星级饭店的鸡尾酒廊

鸡尾酒廊设施设备高档，环境高雅舒适，有专门的调酒师和服务员提供服务，酒水品种齐全，尤其是鸡尾酒品种繁多。

4. 宴会酒吧（The Set-up Bar）

宴会酒吧，又称临时性酒吧，是为各种宴会设立的，由宴会的规模、标准和形式决定大小的酒吧。宴会酒吧最大的特点是即时性强，供应的酒水品种随意性大。宴会酒吧常设立于各类大型中西餐宴会、鸡尾酒会、冷餐会、贵宾厅宴会等。

鸡尾酒会

5. 餐娱市场及其他相关场所的酒吧

（1）以酒水饮料服务为主：如传统的英美式酒吧、日式酒吧、韩式酒吧等。

（2）以茶饮、咖啡为主：如中式茶室、英式红茶馆、咖啡店等。

（3）以娱乐项目为主：如迪吧、演艺吧、爵士吧、棋牌吧等。

（4）与餐厅相结合的酒吧：如美式主题餐吧、港式茶餐厅、德式啤酒坊等。

（5）其他带"吧"字场所，赋予了全新的含义（DIY）：如网吧、书吧、聊吧、射击吧、陶吧、布吧、玻璃吧等。

德式啤酒坊

根据主题定位和形式，还可将酒吧分为商业、文化及会员制几大类。

1. 商业酒吧

商业酒吧气氛热烈，突出大众化，设计时应重点考虑大众化特色，融入时尚元素，打造氛围酒吧。商业酒吧大多集中在闹市区，面积大，有很好的商业管理和商业操作模式。它更流行、更主流，吸引的客人更加多元化，客流量相对更大，但如果不能形成自己的特色，就很难在同业竞争中脱颖而出。

2. 文化酒吧

文化酒吧清净，富有个性，设计时要融入个性化元素，营造安静祥和的气氛，体现某个时期某种文化的特色。这类酒吧虽然面积小，但因其独有的特色和文化，吸引的客人针对性更强，客人相对单一，主题性强，生命力强，可以做成老店。

3. 会员制酒吧

对客人来说，出入会员制酒吧，是一种身份的象征。会员制酒吧追求的是高档豪华的服务和享受，成为这里的客人需要满足特定的条件。设计这类酒吧时需要考虑客人群体的特征，能体现优雅、高贵品位和风格。

牛刀小试

太白楼与中国的酒馆文化

酒馆、酒肆是中国古代诗人抒发情怀的场所。

在山东济宁，就有一家以"诗仙"李白名字命名的酒楼，它从唐朝一直"营业"到现在。最开始，这家酒楼叫"贺兰酒馆"，生意平淡。后来，李白携妻儿定居济宁，他天天在这里饮酒作诗，创作了许多佳作。因为李白的名人效应，人们蜂拥而至，贺兰酒馆的生意也越来越红火。唐咸通二年，京城才子沈光敬慕名而来，并题匾"太白酒楼"。明洪武二年，济宁左卫指挥使狄崇将"太白酒楼"中的酒字去掉，改称"太白楼"。在几百年的变迁中，每个朝代的统治者都对太白楼进行过修缮。

【试一试】在中国酒馆文化的"进化史"中，你还了解哪些承载着历史文化而又颇具特色的酒馆，快去搜索一下分享给大家吧！

二、酒吧工作区域划分

酒吧工作区域主要划分为前吧台、工作吧台和后吧台。

（1）前吧台：配有高吧凳，客人可直接向调酒师点饮品。前吧台的高度一般在 110~120 厘米，台面宽 50~75 厘米。

酒吧的中心——吧台

（2）工作吧台：位于前吧台后侧，是调酒师提供对客服务的地方，台面一般高 80 厘米，用来摆放常用杯具，还可准备饮料、切水果。工作吧台配备有卧式冷柜，它也是工作吧台的组成部分。

（3）后吧台：主要用于展示酒水、储存酒水和摆放酒杯等物品。英文 Bar Back 指的就是这里。规模较小的酒吧，调酒师兼后台之职，但在一些较大的酒吧，酒吧后台是单独的岗位，通常由初级调酒师担任，收入较少且工作较繁重，但在这里可以锻炼工作能力。许多著名的调酒师都是从做"酒吧后台"起步的。

三、酒吧吧台的设计

吧台是一个酒吧的核心，酒吧中所有设施的使用和服务大都围绕吧台来展开。吧台的设置要因地制宜。

1. 视觉突出

吧台是整个酒吧的中心，客人步入酒吧时，首先要能看到吧台，感觉到吧台的存在。一般来说，吧台应设在整个酒吧最显著的位置，如正对入口处等。

2. 方便服务客人

吧台的位置及设计，应以能提供快捷的服务和便于服务员服务为准则。

3. 合理布置空间

设计吧台时，要尽量在有限的空间里多容纳客人，又不会使客人感到拥挤和杂乱无章，另外还要满足目标客人对环境的特殊要求。

就样式来说，吧台主要有三种类型：最为常见的是两端封闭的直线形吧台，另一种是马蹄形或称为"U"形的吧台，第三种是环形吧台或中空方形吧台。

四、酒吧经营的特点

1. 人流量大，销售单位小，销售服务随机性强

酒吧客人流动性大，服务频率高，销售往往以杯为单位，每份饮料的容量通常低于10盎司。一个销售服务好、推销技巧高的酒吧，不仅销售额高，人均消费量也很大。服务员必须树立良好的服务意识，不厌其烦地为客人提供每一次服务。

2. 人员配备少，但对人员的要求高

酒吧虽然也是生产部门，但它不像厨房那样需要宽敞的工作场地和较多的工作人员，一般每个酒吧配备一两个人即可。但是，酒吧服务和操作要求较高，每一份饮料、每一种鸡尾酒都必须严格按标准配制，而调酒本身又具有表演功能，要求调酒员姿势优美，动作潇洒大方、干净利落，给人以美的享受。所以，酒吧服务员必须经过严格训练，掌握较高的服务技巧，并能时刻运用各种推销技能，不失时机地向客人推销酒水。服务员还必须注意言谈举止，讲究仪容仪表礼仪，保持各种服务设施整洁卫生。

3. 资金回笼快，销售利润高

酒吧一般以现金结账，资金回笼快。酒水的综合毛利率通常高于食品，一般达到60%左右，酒水服务还可以刺激客人消费其他食品，所以，酒吧销售利润高。

4. 成本控制难度较大

由于酒水饮料的利润较高，一些管理人员往往会放松管理，使酒水大量流失，一些伪劣酒品以次充好的现象也时有发生。酒吧管理人员必须经常督促和检查酒吧员工工作，尽可能杜绝各种漏洞和不必要的损失。还必须加强对员工的思想教育，不断提高员工觉悟，一旦发现问题，必须严肃查处。

知识链接

我国著名的酒吧文化街

酒吧业在中国迅猛发展，成为引领餐饮时尚潮流的弄潮儿。在一些城市，形成了相对集中的酒吧文化区域，如北京三里屯酒吧一条街。

三里屯酒吧一条街位于北京朝阳区三里屯北路东侧,毗邻使馆区。经过不断发展,这里已成为国内乃至国际知名度颇高的饮食文化特色街。目前,该街区已升级改造完毕,迎接大家的将是安全又舒适的酒吧一条街。

模块 2 做一名优秀的调酒师

工作任务

"调酒师应当有矫健的双腿和灵巧的双手!"有位资深职业人曾经这样说道。那么,是不是满足了这些条件就能保证成为高水平的调酒师呢?我看未必,如果您对酒类生产及餐饮服务毫无兴趣,或者说您根本不喜欢调制鸡尾酒,甚至不喜欢和客人打交道,那么,我可以断言,调酒师这个职业不适合您!相反,您虽然已经工作了很久,有点累了,但是还能够认真工作,动作稳健而又敏捷,自始至终保持愉快的心情,同时还不失风趣与幽默,那么,在您积累了一定的经验后,一定会成为一名喜爱这个行业的职业人,并且会得到大家的尊敬。

引导问题

- ❖ 调酒师的应知应会。
- ❖ 调酒师的职责。
- ❖ 调酒师的专长。
- ❖ 调酒师与客人的关系。

一、调酒师应知应会

1. 应知专业知识

(1)应知酒水知识。

(2)应知原料的储藏保存知识。

(3)应知设备、用具知识。

(4)应知酒具知识。

(5)应知营养卫生知识。

（6）应知安全防火知识。

（7）应知酒单知识。

（8）应知酒谱知识。

（9）应知酒水的定价原则知识。

（10）应知习俗知识。

（11）应知英语知识。

2.应会专业技能

（1）应会设备、用具的操作使用技能。

（2）应会酒具的清洗操作技能。

（3）应会装饰物制作及准备技能。

（4）应会调酒技能。

（5）应会沟通技巧。

（6）应会计算技能。

（7）应会营销技能。

（8）应会公关技能。

（9）应会应变技能。

（10）应会信息应用技能。

二、调酒师的职责

调酒师的工作职责在不同的酒吧是不同的，这取决于酒吧老板对其的信任程度。概括起来，调酒师的职责主要有以下几个方面：

（1）迎接、通报客人，为客人点单提供建议，接受并制作客人所点酒品。

（2）学习酒吧工作基本知识并且应用在工作中。

（3）补充酒吧储备用品，准备冰块和新鲜的水果。

（4）确认提供给客人的酒品是否符合客人的口味，是否符合安全卫生标准，制作和销售是否符合企业规定。

（5）参与清点库存，完成酒类及其他食物的采购工作。

（6）负责保管酒吧的设备。

（7）负责收款。

（8）按照酒吧的菜单来选择酒类的品种。

（9）组织各种各样的活动。

三、调酒师的专长

1. 理论知识

（1）熟悉所有酒水的品牌、种类、生产方式、饮用规则。这些知识将有助于我们与客人打交道、与供货商接触及制定酒单。

（2）能区分装饰鸡尾酒的香料和食物，熟悉与开胃酒、鸡尾酒配菜的食物。

（3）掌握鸡尾酒的分类及调制方法。

（4）熟记鸡尾酒配方。比如，伦敦的调酒师爱德姆·海伦斯能记住300个鸡尾酒配方，其中包括使用何种酒杯，用何种装饰物进行装饰等。

调酒师

2. 技术知识

（1）会使用酒吧中所有配料和器具。

（2）善于按照客人的订单为他们提供所需酒水。

（3）善于调制鸡尾酒，尊重鸡尾酒的配方并严格按比例调制。

（4）能迅速且稳健工作。工作迅速，为的是在较短时间内配制出大量的酒；工作稳健，要求对待每一位客人都要保持一贯水平。

（5）知道每种酒的味道，懂得鉴赏酒。

3. 综合素质

调酒师个人素质的发展是以其在职业等级上的发展为基础的。

（1）完善自己的如下能力：语言沟通能力；外语表达能力；处理人际关系的能力；了解时事新闻，以便同客人交谈时能找到话题。

（2）诚实守信。

（3）打扮得体，穿着整洁，举手投足符合礼仪。使用香水要适量，以免喧宾夺主，掩盖酒水自身的味道。

（4）善于倾听客人说话，善于同客人交谈，并保持适当距离。

（5）熟知近期酒类供需趋势。

（6）有创造力，善于发明新款酒品。

4. 实践技能

（1）善于处理难题。

（2）善于降低醉酒客人的酒品中酒精的含量，学会拒绝为那些已经酩酊大醉的客人继续上酒。

（3）为客人的谈话内容保密。

（4）有团队协作精神。

（5）服务客人时，要记住鸡尾酒的味道及其制作方法同等重要。

（6）不能寄希望于酒精的消毒功效而忽视卫生标准。要始终用饮用水制冰；要认真清洗水果，最后用饮用水来冲刷。尽可能避免用手直接接触配料，要用钳子或酒吧专用勺取放配料。

知识链接

一个调酒师该具备的

1. 对酒了如指掌

要掌握各种酒的产地、物理特点、口感特性、制作工艺、品牌及饮用方法，并能够鉴定出酒的质量、年份等。

2. 掌握调酒技巧

正确使用设备和用具，熟练掌握操作程序，不仅可以延长设备使用寿命，而且能够提高服务效率。

3. 了解酒背后的习俗

一种酒反映的是酒产地居民的生活习俗。不同地方的客人有不同的饮食习俗和宗教信仰。饮什么酒、用什么辅料，要做到心中有数。

4. 掌握英语知识

首先是要认识酒标。目前，酒吧卖的很多是国外生产的酒，商标用英文标示。调酒师必须看懂酒标，选酒时才不会出错。所有物理性质一样的酒，如果产地不同，口感会大相径庭。其次，服务外国客人时，如果能懂一些外语，会让工作更加顺畅。

5.具备较好的气质

酒吧对调酒师的身高和容貌有一定的要求：服饰得体、身体健康、仪表端庄，为人亲善，气质好。此外，心态平和，喜欢和人打交道，对于顺利从业也有很大帮助。

四、对客关系

（1）时刻面带微笑，永远不发脾气。

（2）记住客人的名字还有他们所喜欢的饮品。

（3）要时刻留意客人动态，及时提供打火机、烟灰缸、水、餐巾纸等。

（4）要在客人还没喝完酒时就询问其是否续添；客人不想添加饮品时，不要当客人的面把杯子拿走。

（5）及时清洁烟灰缸。

（6）友善地对待每位客人。

（7）要随手可以拿到菜单。

五、与调酒师密切相关的工种——酒吧后台

酒吧后台（Bar Back），既指吧台后面的工作区，又指做吧台整理工作的人。"从最底层做起才能更好地把握机会！"伦敦一位著名调酒师曾深有感触地说。

后台的主要工作包括以下方面：

（1）及时打扫和整理吧台和吧台后面区域,清洗调酒师未及时清洗的工具，保证调酒师随时能用到干净的工具。

（2）检查酒瓶中酒的余量并及时更换新瓶。

（3）检查酒柜上的酒瓶，保证商标干净、清晰可见。

（4）用湿抹布擦拭这些瓶子。

（5）准备调制鸡尾酒的辅料。除了柠檬外，其他水果都不要提前切开。认真清洗这些水果，根据调酒师的要求切开水果。

（6）清洗并检查酒杯，及时处理掉破损的杯子。

（7）按照调酒师的要求工作，以使调酒师能更好地完成任务。

项目❷ 对客服务

项目2题库

小王今天的见习岗位在酒吧,他的工作从认识酒吧的酒单开始。
如何看懂酒吧酒单,摆放酒单有哪些讲究,酒吧服务工作流程是怎么样的?小王怀着一颗忐忑而充满期待的心,开始了一天的工作。
【想一想】酒吧服务的具体工作有哪些?标准的工作流程是什么?

模块 3 认识酒单

工作任务

请将酒单按照正确的方法摆放在桌面上。

引导问题

❖ 酒单的内容有哪些?
❖ 酒单有哪些分类?
❖ 各类酒单都有哪些特点

一、酒单的内容

1.酒单的组成

酒单主要由酒品名称、数量、价格及描述四部分组成。

(1)名称:酒品名称必须通俗易懂,尽量不要用冷僻、怪异的词。命名时可按饮品的原材料、配料、饮品、调制出来的形态命名，也可按饮品的口感冠以幽默的名称，还可针对客人搜奇猎异的心理，抓住饮品的特色加以夸张。

（2）数量：酒品数量必须明确，是一盎司还是一杯，一杯有多大容量，都应写清楚。客人对信息不明确的产品总是抱着怀疑及拒绝的心态，不如大大方方地告诉客人，让客人在消费中比较，并提出意见和建议。

（3）价格：凡是标着"时价"的酒品客人都很少点用。酒单中的各类酒品必须明码标价，让客人心中有数。

（4）描述：对某些新推出或引进的饮品应有明确的描述，以便客人充分了解其配料、口味、做法及饮用方法。一些特色饮品可配彩照。

酒单

2.酒单中经常出现的销售单位

（1）PER：指每份（杯、盎司、瓶、壶等）。

（2）GLS：Glass 的缩写，意为每杯。

（3）CAN：意为罐装、每罐。

（4）BOT：Bottle 的缩写，意为小瓶包装或半瓶包装（Half Bottle）。

（5）OZ：Ounce 的缩写，翻译为盎司/安士，为容量计量单位。英制 1 盎司约为 28.41 毫升，美制 1 盎司约为 29.57 毫升。

（6）ML：指毫升。

二、酒单的分类

酒单一般分为综合类酒单和专卖类酒单两大类。

（1）综合类酒单：包含各类饮品、食品的综合信息，如鸡尾酒类、啤酒类、软饮料类、小食类等。

（2）专卖类酒单：只列举某一类别酒品的详细信息。常见的专卖类酒单有葡萄酒酒单、鸡尾酒酒单等。

听力
酒品

模拟综合类酒单

干邑 COGNAC（元/瓶）

百事吉 VSOP	Bisquit VSOP	800.00
人头马路易十三	RemyMartin Louis XIII	12800.00
轩尼诗 XO	Hennessy XO	1380.00
人头马 XO	Remy Martin XO	1380.00

威士忌 WHISKY（元/瓶）

黑牌威士忌	Black Label	600.00
红牌威士忌	Red Label	500.00

香槟 CHAMPAGNE（元/瓶）

酩悦香槟	Moët & Chandon	600.00

餐酒 WINES（元/瓶）

木桐嘉棣	Mouton Cadet	260.00
王朝干白	Dynasty Dry White Wine	130.00
华东庄园干白	Huadong Winery	130.00

餐前开胃酒 APERITIFS（元/杯）

金巴利	Campari	32.00
杜本内	Dubonnet	32.00
皮诺	Pernod	32.00
仙山露	Cinzano	34.00

雪利及波特酒 SHERRY & PORT（元/杯）

进口干雪利	Imported Dry Sherry	36.00
进口红波特	Imported Port	60.00

金酒/朗姆酒/特吉拉/伏特加
GIN/ RUM/ TEQUILA/ VODKA（元／杯）

来利	Larios	78.00
必发达	Beefeater	30.00
百家地	Bacardi	30.00
美雅士	Myer's Dark	30.00
特吉拉	Tequila	28.00
皇冠伏特加	Smirnoff	25.00

餐后甜酒 LIQUEURS（元／杯）

君度	Cointreau	36.00
甘露咖啡	Kahlua	36.00
杜林标	Drambuie	36.00
樱桃白兰地	Cherry Brandy	36.00
喜龄樱桃酒	Cherry Heering	36.00
可可力娇甜酒	Creme De Cacao	36.00

鸡尾酒及长饮 COCKTAILS & LONG DRINKS（元／杯）

红粉佳人	Pink Lady (gin, lemon juice, grenadine)	42.00
干马天尼	Dry Martini (gin, cinzano dry)	39.00
玛格丽特	Margarita (tequila, lemon juice)	39.00
新加坡司令	Singapore Sling (gin, lemonjuice, cherry brandy)	45.00

啤酒 BEER（元／瓶）

嘉士伯	Carlsberg	39.00
喜力	Heineken	39.00

果汁 FRUIT JUICE （元／份）

水果宾治	Fruit Punch	39.00
新鲜果汁	Fresh Fruit Juice	33.00

软饮料 SOFT DRINKS（元／杯）

可口可乐	Coca Cola	35.00
依云矿泉水	Evian Mineral Water	35.00

模拟葡萄酒酒单

香槟、起泡酒	Champagne & Sparkling Wine
白葡萄酒	White Wine
红葡萄酒	Red Wine
桃红葡萄酒	Rose Wine
酒店专用葡萄酒/散卖葡萄酒	House Wine / By The Glass

模拟鸡尾酒酒单

经典类鸡尾酒	Classics/Oldies
不含酒精类混合饮料	Non-Alcoholic/Mocktails
子弹类鸡尾酒	Shooters
特别推荐鸡尾酒	Specialties/Special Drinks
长饮类鸡尾酒	Long Drinks

知识链接

1. 子弹类鸡尾酒

子弹类鸡尾酒是以子弹杯为载杯且量小的鸡尾酒。子弹杯，英语称为 Shooter Glass（Short Glass/Cordial Glass），由于体积细小形似子弹，故有子弹杯之称。子弹杯常被用于盛装烈酒、利口酒或子弹类鸡尾酒，其容量分 1 盎司和 2 盎司两种规格。当调制的鸡尾酒成分中不含软饮料时，一般使用容量 1 盎司的子弹杯作为载杯，否则，就使用容量为 2 盎司的子弹杯作为载杯。

2. 长饮类鸡尾酒

长饮（Long Drinks）是一种量大而酒性温和的鸡尾酒，因杯中放入冰块来确保饮用温度，所以消费者可以慢慢饮用，故称长饮。

3. 酒店专用葡萄酒杯

酒店专用葡萄酒是酒店选定的几类进价便宜、质量好、适合大众口味、货源充足且可散装销售的葡萄酒。

葡萄酒与汽酒开瓶后，酒的质量在几小时内便会发生变化。如红葡萄酒开瓶后，酒质会因为氧化而改变。白葡萄酒开瓶后也只能在冰箱中保存 3 天左右。

汽酒开瓶后即使盖上瓶塞，气体也会在一天内跑掉60%以上。所以，散装销售的葡萄酒一般都用酒店专用葡萄酒杯。

❧ 牛刀小试

创新设计酒单

酒单被誉为酒吧的名片。一份内容详尽、描述清晰、价格透明、插图美观、设计精巧的酒单，会激发客人的购买欲。请同学们通过模块3"认识酒单"的学习，设计一份风格独特、内容创新的酒单，并将其分享在学习平台上。

模块4 酒吧服务程序

❧ 工作任务

调酒师要完成多项工作，从最初的酒单摆放、迎接客人，到为客人点酒、调酒及最后的结账，有不少细节需要注意。优秀的调酒师总是善于细心观察，能及时为客人服务。

调酒师要时刻观察吧台，及时擦拭吧台表面的水渍及杂物，经常更换烟灰缸，及时为客人斟倒酒水。

❧ 引导问题

❖ 酒吧服务流程是什么？
❖ 酒吧服务的细节有哪些？

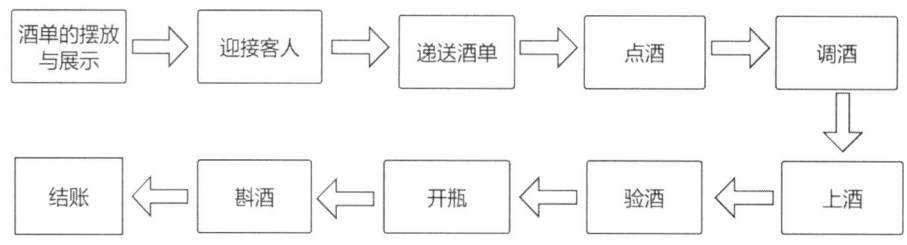

酒吧服务流程

一、酒单的摆放与展示

今早,调酒师小莫正从后吧柜中取出昨晚收好的酒单。

小徐:需要我摆放这些酒单吗?

小莫:好的!但是在摆放前请先检查一下酒单是否干净,是否有破损。

小徐:要用毛巾把酒单都擦拭一遍吗?

小莫:是的。擦拭后就可以摆放了。

小徐:摆放酒单有讲究吗?

小莫:当然有啊,第一,将酒单从中页打开成90°角,立放在每张桌上;第二,每张桌上摆放酒单的位置和方向要统一。

小徐:真看不出,摆放酒单还有这些讲究!

酒吧通常会备有足够数量的酒单。上晚班的同事在营业结束后会把酒单收回,整齐地叠放在一起。

1. 准备酒单和台卡

(1)依据酒吧规模,备好规定数量的酒单和台卡。

(2)检查酒单是否破损及其清洁程度。

(3)检查每个吧桌上台卡内夹的酒单是否齐全。

2. 摆放酒单和台卡

(1)将酒单从中页打开成90°角,立放在吧桌上。每个吧桌上酒单摆放的位置、方向应一致。

(2)台卡一般摆放于吧桌的中心部位。

二、迎接客人

听力-迎宾　　听力-是否有预订　　听力-引导客人　　听力-选择座位　　听力-入座

(1)客人到来时,酒吧服务员应面带微笑,用专业用语问候客人。

(2)引领客人到其喜爱的座位入座。单个客人喜欢到吧台前的吧椅上就座,两位以上的客人,服务员可领其到小圆桌就座,遵照女士优先的原则协助拉椅。

三、递送酒单

（1）站于客人右后侧。

（2）将酒单的第一页打开，用双手递给客人。

（3）递送酒单时，应遵循先女后男、先宾后主的服务次序。

递送酒单

四、点酒

（1）递送酒单后，应给客人一定的选择时间，然后询问客人是否可以开单。

（2）注意听清客人所点酒水的名称和数量（或分量）。

（3）开列的酒水订单应字迹工整、内容完整。

（4）记录完毕后应向客人复述一遍其所点酒水。

（5）在开单过程中，应向客人积极推销酒吧产品，争取客人多消费。

（6）客人点要进口蒸馏酒或一些特殊饮品时，要问清客人所点分量及饮用方法，并记录下来，以便调酒员制作。

（7）开单结束后，礼貌地向客人道谢并请客人稍候。

（8）注意事项：在服务过程中，服务员不仅是一名接待者，同时也是一名兼职推销员。向客人推销酒水时要建议性地推销，合理推销和盲目推销之间会有很大的差别，后者会使客人生厌，有被愚弄的感觉。盲目推销也会与客人"物有所值"的消费心理背道而驰。另外，服务员不可凭自己的喜好去影响客人的消费情绪，自己不喜欢的或许正是客人所乐意接受的，不可对任何客人所点的食品、饮品表示不屑或有异议。

听力-点酒

五、调酒

调酒师接到点酒单后要注意以下事项：

调酒

（1）调酒姿势正确，动作潇洒，自然大方。

（2）调酒时，应始终面对客人。哪怕是去陈列柜取酒，也要侧身而不要转身背对客人，否则会被视为不礼貌。

（3）严格按配方调制，如果酒水单上没有客人所点品种，应征询客人意见。

（4）按规范操作。

（5）将调制好的酒尽快倒入杯中。对于在吧台前就座的客人，应倒满一杯；对于其他客人，斟八成满即可。

（6）随时保持吧台及操作台卫生，将用过的酒瓶及时放回原处，及时清洗调酒工具。

（7）当吧台前客人的杯中酒不足 1/3 时，调酒师可建议客人再来一杯，以便起到推销酒水的作用。

（8）掌握好调制时间，不要让客人久等。

六、上酒

（1）服务员应将调制好的饮品用托盘从客人的右侧送上。

（2）上酒时应先放好杯垫，递上餐巾，同时报出饮品的名称："这是您（你们）的×××，请慢用。"

（3）服务员要巡视责任服务区，及时撤走空杯、空瓶。

（4）适时向客人推销酒水，以增加酒吧的营业收入。

（5）提供上酒服务时，服务员应注意轻拿轻放，手指不要触及杯口，处处显示礼貌和卫生习惯。

（6）如果客人点了整瓶酒，服务员要按示酒、开酒、验酒、斟酒的服务程序为客人服务。

上酒

七、验酒

验酒是酒水服务的重要礼节，显示服务的周到与规范，特别是那些较为名贵的酒，如香槟酒、红酒、洋酒等，首先要请客人验酒。

1. 验酒的目的

验酒的目的，其一是得到客人的认可；其二是让客人确认酒的味道和温度；其三是显示服务的规范。

> 给客人验酒是酒水服务很重要的事：
>
> ◆ 假如拿错了酒，验酒时经客人发现，可立即更换。如果未经客人同意而擅自开酒，损失将由服务员自己承担。不管客人对酒熟悉与否，均应确实做到验酒，这种做法体现的是对客人的尊敬。
>
> ◆ 因陈年保存，红酒常会有沉淀，要小心端到餐桌上，不要上下摇晃。从酒库取出酒，拿给客人验酒之前，要先将酒瓶上的灰尘擦拭干净，仔细检查后再拿到餐桌上给客人验酒。供应红葡萄酒的温度应与室温相同，淡红酒可稍加冷却，可用美观别致的酒篮盛放。

2. 验酒的正确方法

（1）面带微笑。

（2）右手大拇指在上，其他手指并拢在下扶着瓶颈，左手托着瓶底。

（3）将酒标对着客人，给客人展示确认。

（4）用礼貌用语：您好，先生/小姐，这是您点的××酒，请您过目。请问可以帮您打开吗？

验酒

八、开瓶

1. 给无汽葡萄酒开瓶

供酒时应选备一个开瓶塞的拔塞钻，最好是带有横把及刀子的"T"字形开瓶器，其螺旋钻能藏于柄内，使用时可减少麻烦。

葡萄酒的开瓶步骤：沿瓶口凸缘处划开瓶盖外套的锡箔纸，将"T"字形螺旋钻自瓶塞中心穿入，旋转至全部没入木塞中，将金属杠杆卡在瓶口处，徐徐抽出瓶塞，把瓶口擦拭干净，把软木塞放到碟子中，让客人闻木塞验酒。

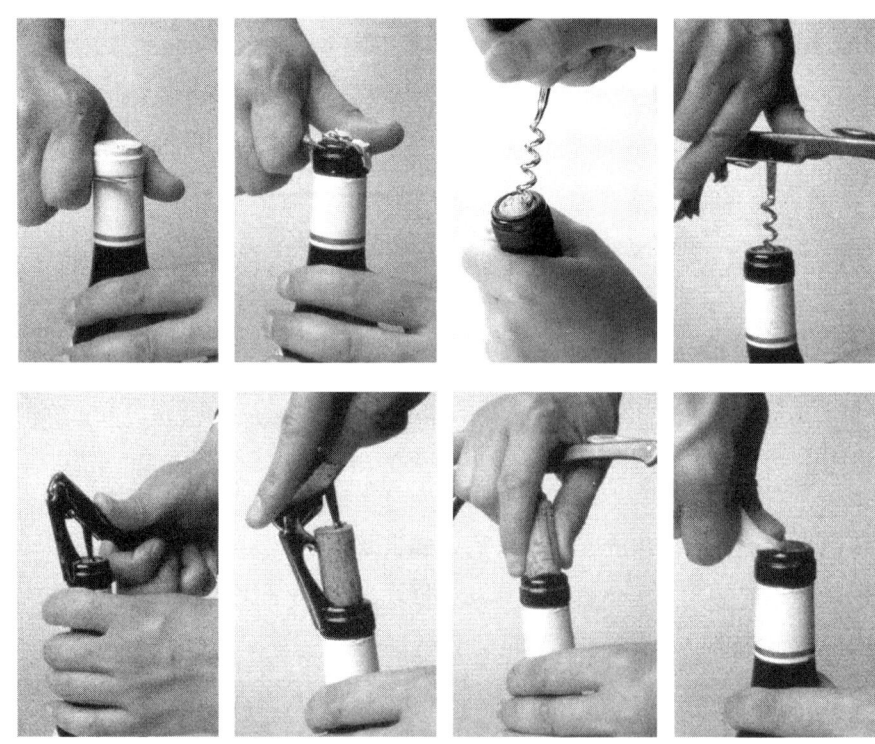

无汽酒开瓶

2. 给起泡酒开瓶

起泡酒瓶内有气压，故软木塞外用铁丝帽固定，以防软木塞被弹出。

其开瓶步骤是：把瓶口的锡箔纸剥掉，左手拇指压紧木塞，用右手将铁丝帽的铁丝拧开，以45°角拿着酒瓶，双手同时向相反方向将酒瓶转一下，等瓶内的压力完全将软木塞弹出。

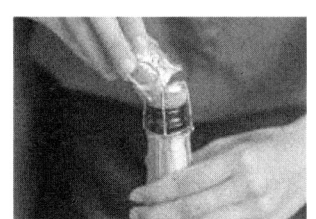 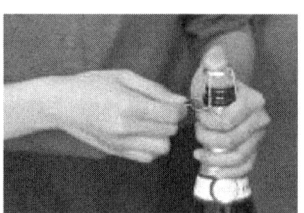 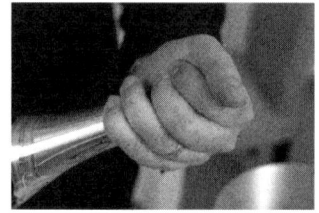

起泡酒开瓶

开启含有碳酸的饮料如啤酒时，应将瓶子远离客人，并且将瓶身倾斜，以免液体溢至客人身上。

九、斟酒

1. 斟酒礼仪

（1）陈年葡萄酒的软木塞经常会霉腐，倒酒前要注意查看有无杂质。

（2）香槟酒、白葡萄酒须冷藏，斟酒时要用服务巾包着酒瓶。剩余的酒应马上放回冰桶以保持酒的最佳饮用温度。

（3）斟酒时尽量使用服务巾。

（4）依惯例先倒入约 1/4 的酒在主人杯中，等主人品尝示意后，再开始给全桌斟酒，这在酒吧服务中称为"试酒"。

（5）斟酒时一定要让客人看到酒标。

（6）斟酒时从主人右手开始，先斟女客酒杯，后斟男客酒杯。无论如何，当给客人全部斟完后，才能给主人斟酒。

（7）客人同时饮用两种酒的，不能在同一酒杯中斟倒两种不同种类的酒。

（8）已开的酒，应置于主人右侧。

（9）随时为客人添加酒水。

（10）空酒瓶不必早早收起，酒瓶也是一种装饰品，能烘托就餐气氛。

2. 斟酒量

斟酒时注意掌握好量，有些酒要少斟，有些酒要多斟。一般白兰地为 1PER；红葡萄酒净饮斟 1/3 杯，混酒斟八分满；白葡萄酒净饮斟 1/2 杯；香槟等起泡酒斟 3/4 杯；啤酒斟八分满、二分泡。

3. 斟倒次数

（1）一倒法：即一次性完成斟酒工作，适用于无汽酒。斟酒前先将瓶口擦拭干净，手持酒瓶时动作要轻缓，不要震荡起酒中的沉淀。将酒标对着客人，先斟少许至主人或点酒客人杯中，请其试酒，经同意后再行斟倒。

（2）两倒法，即分两次完成斟酒工作，适用于起泡酒、香槟酒及啤酒类酒水。两倒法包含两个动作，初倒时，酒液冲到杯底会起很多泡沫，等泡沫约至酒杯边缘时停止倾倒，稍候片刻，至杯中泡沫下降后再倒第二次。

4. 斟酒方法

斟酒的方法有台斟和捧斟两种。台斟，顾名思义，就是将酒杯放在台面上斟酒；捧斟，就是将酒杯拿在手上斟酒。

（1）台斟：在斟倒啤酒、起泡酒或陈年红葡萄酒时多用台斟法。具体操作时，侧身，手掌自然张开，用右手握紧酒瓶，向杯中斟倒酒水。斟酒时，瓶口与杯沿保持一定距离，切忌将瓶口搁在杯沿上或采取高溅注酒的错误方法。斟倒时，瓶身酒标应对着客人。每斟完一杯酒，持瓶的手要顺时针转一下，同时收回酒瓶，使酒滴留在瓶口上，不至于落在台面上或客人身上。左手拿布巾擦拭一下瓶口，再给下一位宾客斟酒。

台斟

（2）捧斟：在酒会上一般采用捧斟法。即一手握瓶，一手把酒杯拿到手上，向杯内斟酒。斟酒动作应在台面以外的空间进行，斟好后将酒杯放在宾客右手处。捧斟适用于斟倒非冰镇处理的酒。

捧斟

十、结账

客人示意结账时,服务员应立即取回账单,认真核对台号、酒水的品种、数量及消费金额是否准确。确认无误后,将账单放在账单夹中用托盘送至客人面前:"这是您的账单。"向客人致谢,欢迎客人下次光临。

听力
账单类

听力
结账

听力
送客

优质服务

赢得客人的信任要靠优质服务,那么,什么是优质服务?

规范服务+超值服务=优质服务

优质服务七要素:

(1)微笑:微笑是最生动、最简洁、最直接的欢迎词。

(2)专业:精通自己所从事工作的每个方面,并尽可能做到完美。

(3)负责:随时准备为客人服务。

(4)重视:把每位客人视为"上帝",不怠慢客人。

(5)细腻:服务中善于观察、揣摩客人心理,及时提供服务,甚至在客人未提出要求之前就能主动发现并及时满足客人需求。

(6)友善:为客人营造温馨的饮酒气氛,态度友善。

(7)真诚:热情好客是中华民族的传统美德。当客人离开时应发自内心地、通过适当的语言真诚邀请客人再次光临。

◆ 思政园地

从中国饭店业的发展历程看改革开放的伟大成就

习近平总书记指出:"改革开放铸就的伟大改革开放精神,极大丰富了民族精神内涵,成为当代中国人民最鲜明的精神标识。"

饭店业是中国改革开放的先行者。自改革开放以来,中国饭店业由弱变强,经历了翻天覆地的变化。据统计,改革开放初期,全国涉外饭店仅有200多家,经过40多年的发展,中国饭店业已经成为一个具有相当规模的产业。在市场经济的作用下,我国饭店业由原本政府主导、以接待为主的旅馆业逐渐向以市场为主导的兼具星级饭店、经济型饭店及非标住宿业的综合型业态转变,这种转变也从侧面反映了改革开放以来我国饭店业蓬勃发展、进步的轨迹。可以说,40多年中国饭店业的发展历程就是一部改革开放取得伟大成就的缩影史。

项目 ❸ 开吧工作

项目 3 题库

> 新的一天开始了，调酒师 Alex 清洁擦拭完酒杯、摆放好酒具后，持酒水原料领货单前往库房领取酒水，有条不紊地开始了一天的工作。
>
> 【想一想】酒吧营业前的准备工作俗称"开吧"，它是调酒师一天工作的开始。为了保证酒吧正常运转，调酒师在开吧时需要完成哪些工作呢？

模块 5　补充陈列酒水

工作任务

- ❖ 掌握酒水基础知识。
- ❖ 掌握领用补充酒水的工作流程。
- ❖ 了解补充酒水时应注意的事项。
- ❖ 掌握酒水摆放的程序与原则。

引导问题

- ❖ 酒水补充、陈列时应注意哪些事项？
- ❖ 酒水领货单包括哪些内容？
- ❖ 酒水陈列应遵循哪些原则？

一、酒水基础知识

酒吧里通常被称为"酒水"的饮料，是指饮料酒和饮料两大类。

我国的国家标准《饮料酒术语和分类（GB/T 17204-2021）》中，将酒精度在0.5%vol以上的酒精饮料统称为饮料酒（alcoholic beverages），包括各种蒸馏酒、发酵酒、配制酒，以及无醇啤酒和无醇葡萄酒。饮料，则是指酒精度在0.5%vol以下的天然饮料或人工配制饮料（俗称"软饮料"）。

1. 酒的生产环节

（1）糖化。

（2）发酵。

（3）蒸馏。

（4）陈化。

（5）勾兑。

2. 食用酒精

酒中最主要的成分是食用酒精，也称乙醇，它是以谷物、薯类、糖蜜或其他可食用农作物为主要原料，经发酵、蒸馏精制而成的，供食品工业使用的含水酒精。

3. 酒精浓度

酒精浓度，简称酒精度，是指酒液中酒精的含量，即乙醇的体积占酒液体积的百分比。由于酒精度一般是用容量来计算的，故在酒精浓度后面会加上"Vol."，以示与重量计算的区分。

国际上用三种方式表示酒度：

（1）标准酒度（Alcohol by Volume）：指在室温20℃的条件下，每100毫升酒液中含有酒精的毫升数。通常用"% Alc./ vol""% vol"或"GL"表示。中国采用的是标准酒度。

（2）美制酒度（Proof）：是指在华氏60°F（约15.6℃）的条件下，200毫升酒液中所含的纯酒精的毫升数。美式酒度的单位是Proof。

（3）英制酒度（Sikes）：是英国人克拉克在18世纪创造的一种酒度计算

方法，在一些英联邦国家使用，用"Sikes"表示。

以上三种酒度的换算关系是：1GL=2Proof=1.75Sikes

4.啤酒的度数

我国的国家标准《啤酒（GB4927-2008）》规定，啤酒酒精度的计量单位用体积分数"％vol"表示；此外，在啤酒外包装上还有一个指标，就是麦芽汁浓度，它是国际通用单位，用"°P"表示，它是指100克麦芽汁中含有的浸出物（包括麦芽糖）的克数。

二、酒吧常用酒水的简易分类

根据不同的标准，可以把酒吧常用酒水划分为不同的种类。

1. 按生产原料划分

（1）水果类：以各种水果为原料，经过发酵、有些需经过蒸馏或配制的酒，如葡萄酒、白兰地等。

（2）粮食类：以各种谷物为原料，经过发酵、有些需经过蒸馏或配制的酒，如啤酒、米酒、威士忌等。

（3）果杂类：以植物根茎为原料，经过发酵、有些需经过蒸馏或配制的酒，如以甘蔗为原料生产的朗姆酒等。

水果类酒—红葡萄酒　　　　粮食类酒—啤酒　　　　果杂类酒—朗姆酒

2. 按酒精浓度高低划分

（1）高度酒：酒精度高于40％Vol的酒，如白兰地、威士忌等。

（2）中度酒：酒精度在20％～40％Vol的酒，如黄酒及大部分餐后甜酒等。

（3）低度酒：酒精度在 20％Vol 以下的酒，如啤酒、葡萄酒等。

高度酒—白兰地·轩尼诗

中度酒—咖啡甜酒

低度酒—白葡萄酒

3. 按生产工艺划分

（1）发酵酒（Fermented Wine）：又称酿造酒、原汁酒，是在含有糖分的液体中加入酵母，发酵后产生的含酒精饮料，如米酒、啤酒、葡萄酒、黄酒等。

（2）蒸馏酒（Distilled Wine）：又称烈性酒，是通过对酒精液体加以蒸馏提纯而获得的含有较高度数的酒精饮料，如世界六大著名蒸馏酒和中国白酒等。

（3）配制酒（Compounded Wine）：是酒与酒之间进行勾兑或者酒与药材、香料和植物通过浸泡、蒸馏、混合的方法生产出来的酒水，如餐前酒、甜食酒、利口酒和鸡尾酒等。

发酵酒—绍兴黄酒

蒸馏酒—茅台酒

配制餐前酒—味美思

4. 按物理形态划分

（1）固态饮料：主要包括茶、咖啡、可可及速溶饮品等。

（2）液态饮料：泛指呈液态的所有饮品，如各种酒类、果蔬汁类等。

5. 按是否含有二氧化碳划分

（1）碳酸类饮料：泛指所有含有二氧化碳气体的软饮料饮品，如可乐、柠檬汽水等。

（2）非碳酸饮料：特指所有不含二氧化碳气体的饮料。

（3）汽酒：泛指所有含二氧化碳气体的酒精饮料，如啤酒、香槟酒、苹果汽酒等。

6. 调制鸡尾酒常用的六大基酒

（1）白兰地（Brandy）：主要由葡萄、水果酿造，主产地是法国，著名的有干邑、雅文邑等。这种酒放在橡木桶里，经过长年储藏使其成熟，经过勾兑才能上市。代表品牌有马爹利、轩尼诗、人头马、拿破仑等。

（2）威士忌（Whisky）：主要由大麦、玉米等谷物类酿造，产地有苏格兰、爱尔兰、美国、加拿大等，代表品牌有杰克·丹尼、占边、芝华士、皇家礼炮、加拿大俱乐部等。

（3）金酒（Gin）：主要由谷物类酿造，然后加入杜松子、香草等，主要产地是英国、荷兰，代表品牌有哥顿金酒、必发达金酒、添加利金酒等。

白兰地—人头马　　　　威士忌—占边　　　　添加利金酒

（4）朗姆酒（Rum）：主要由甘蔗糖酿造，主要产地是牙买加、古巴等，代表品牌有百加地、摩根船长、美雅士等。

（5）伏特加（Vodka）：主要由小麦和马铃薯酿造，主要生产国为俄罗斯和美国等，代表品牌有绝对伏特加、皇冠伏特加、芬兰伏特加、斯米诺夫等。

（6）特吉拉（Tequila）：主要由一种仙人掌类植物——龙舌兰酿造，主要生产国为墨西哥，代表品牌有白金武士、懒虫、索查等。

朗姆酒—摩根船长　　　　伏特加　　　　特吉拉

牛刀小试

"中国功夫"很有功夫

"中国白酒20毫升、威士忌30毫升、覆盆子糖浆25毫升、红茶60毫升、再加入冰块调和，这样一杯名为'中国功夫'的鸡尾酒就调成了。"在某音平台，中式调酒师发布的这样一条视频让人们议论纷纷：有好奇调酒口味的，也有质疑用料的……可以看出，不论这款自创鸡尾酒的口感如何，用白酒做基酒，这一做法话题度极高。

传统鸡尾酒多是以西方六大烈性酒为基酒调制的，用中国白酒做基酒的极少。中国白酒的度数往往较高，其独有的酿造方法使得酒中呈香、呈味物质比外国烈酒丰富，味道比较凸显，必须用一些比较重口的利口酒，或是软饮料进行调配，才能遮住白酒本身散发出的酒曲味道。特别是浓香型、酱香型白酒，自身味道本来就重，如果用作基酒往往会喧宾夺主，盖过其他酒的风味。所以业界普遍认为，白酒更适合纯饮，用于基酒路子比较窄。

但是，在不少年轻人看来，白酒兑雪碧、二锅头加奶、茅台加咖啡……方法虽然简单粗暴，但真实有效。事实上，白酒本身的酒曲味是可以作为一种独特的口味进行鸡尾酒调制的，年轻人甚至觉得，用自己国家的酒来调酒比较亲切、有意思，在专业配方下，如果解决口感杂乱的问题，以中国白酒为基酒的鸡尾酒一定会有市场。

2019年，在成都举办的"国际调酒师协会年会暨第68届世界杯国际调酒师大赛"上，就有85位选手用白酒设计配方参赛，他们在比赛中使用的白酒基酒，全部来自五粮液、洋河、汾酒、舍得、宝丰、红星、江小白以及泸州国粹酒业等酒企的产品，是中国白酒首次进入世界调酒大赛，意味着中国白酒正式登上国际鸡尾酒的舞台，对于中西方酒文化的融合具有开创性意义。

现今，主流鸡尾酒调制比赛中不乏中国白酒的身影，越来越多的人领略到中国传统酒文化的独特魅力。中国白酒做鸡尾酒基酒，既是对中国白酒国际化的探索，也是白酒市场年轻化的破题之举。中国白酒鸡尾酒就是在用国际化的语言、年轻人的语言，向中国年轻人、向世界讲述中国白酒故事，以全新的视觉和味觉冲击，诠释中国白酒的魅力。

大家不妨去了解一下，如果选用中国白酒做基酒，是否需要在白酒香型的选择上做考虑？哪种香型的中国白酒更适合用作鸡尾酒基酒？用中国白酒做基酒调制的鸡尾酒会有哪些？

中国国家地理标志产品——五粮液

知识链接

酒吧专用酒

为了控制成本,也为了制定调酒标准,酒吧通常固定使用某些品牌的酒用于调酒和散卖,这些酒被称为酒吧专用酒(House Pouring)。它是由一些进价便宜、质量好且比较流行的品牌组成。

三、领用补充酒水工作流程

调酒师需要根据酒店及当前营业状况,将每日所需酒水量等信息填入酒水领货单中,交由酒吧经理核准签字后到库房领取酒水。领回酒水后应根据酒质及特征分类放好。如实填写每日酒水的存货、领用、售出数量,以备下班时盘存及上级检查。

1. 仪容仪表检查

上岗前,调酒师一般要检查下列事项:

(1)检查服饰。

(2)检查仪容仪态。

(3)注意礼貌礼节。

(4)日常仪容仪表检查明细:头发、面部、手及指甲、服装、鞋、袜、首饰及徽章、动作姿势、卫生、举止印象。

2. 核准酒水领货单

酒水领货单(见表3-1)通常由晚班调酒师负责填写。当酒吧结束营业后,酒水原料库存量也相应减少,

仪容仪表检查

个别品种还可能沽清,准确补充酒水原料是翌日营业顺利进行的保证。晚班营业结束后,调酒师要将酒吧库存的"实际盘存数"与"酒吧标准存货数"进行对照,列出短缺原料的实际数量,然后填写"酒水领货单"交由酒吧经理或主管签字确认。上早班的调酒师凭"酒水领货单"到库房落单和提货,为全天的营业做好准备工作。

表 3-1 酒水领货单

编号	品种	规格/毫升	单位	领货数量	实发数量	单价/元	总金额/元	备注
0029	咖啡利口酒	750	瓶	2	2	100	200	
0803	绝对伏特加	750	瓶	4	5	110	550	
0526	百威啤酒	330l	瓶	3	4	120	480	听装
0901	哥顿金酒	750l	瓶	5	4	140	560	
部门：				领货人：			日期：	

酒水领货单一般包括下列内容：

编号：酒店对酒水原料的自编码。

品种：酒水原料的全称。

规格：酒水原料的容量、重量等。

单位：酒水原料的计算单位，例如以瓶或以箱为单位等。

领货数量：酒吧计划领用酒水原料的数量。

实发数量：发货人根据货仓实际情况发放的酒水原料数量。

单价：酒水原料的进货价格。此栏目由仓库管理员或核算部负责填写。

总金额：每项已领用酒水原料的总金额。此栏 由仓库管理员或核算部填写。

酒水领货单一般为一式三联：第一联交财务处进行成本核算，第二联由发货仓库留存记账，第三联由领用酒水的酒吧留存记账。

3.从库房提货

（1）填写好酒水领货单后交由酒水部经理签字确认。

（2）根据酒店库房规定的领货时间，凭酒水领货单到库房提货。

（3）领酒水原料时要清点数量、核对名称，以免造成误差。

（4）领货人在领货单上签名后领回酒水。

知识链接

酒瓶标记

在发料之前，酒水管理员一般会在酒瓶上做上标记，以记载某一瓶酒发给了哪个酒吧间。

通常，酒瓶标记是一种有背胶的标签，是不易擦去的油墨戳记。标记上有不易仿制的标识、代号或符号，这样可以防止调酒师把自己的酒带入酒吧出售并自留现金收入。

给酒瓶作标记有三个重要作用：

（1）酒水管理员根据验收日报表或发货票在酒瓶上记录成本，便于做好领（发）料工作。

（2）在酒瓶上记录发料日期，便于随时了解存放在酒吧的瓶水的流转情况。

（3）调酒师用空酒瓶换酒时，酒水管理员应首先检查空瓶上的标记，防止调酒师自带空瓶到储藏室换酒。

4. 补充酒水原料

（1）在陈列酒水前，要擦拭所有酒瓶后方可放入柜中或摆在酒架上。

（2）补充啤酒、矿泉水、汽水这些需要冷藏的酒水时，应将瓶身擦拭干净后再放入冷柜中。对酒水原料进行冷藏的目的：一是达到最佳饮用效果，二是抑制细菌繁殖，延长酒水原料保质期。

（3）补充酒水原料时，应遵循先进先出的原则，特别是保质期短的原料更应如此。所谓先进先出，是指每天补充酒水时，都要将酒水的位置调换一下，并将保质期久的靠里摆放，做到先领用的酒水先销售、先入柜的酒水先销售，避免冷柜内侧的酒水、饮料因长期得不到使用而变质甚至过期。

（4）在酒水销售盘存表中登记好当日酒水原料的领入数，以便营业结束后统计实存数。

四、陈列酒水

陈列酒水时，应做到美观大方、方便取用、搭配合理、富有吸引力，并且具有一定的专业水准。

1. 酒水陈列工作程序

（1）清洁酒架：先用湿抹布将酒架擦拭一遍，再用干抹布擦拭干净，让酒架无尘、无水迹。

（2）清洁瓶（罐）体：用湿抹布擦拭酒瓶及瓶口，做到瓶体干净、商标无破损。打开瓶盖后，瓶口干爽、不黏滑、不结晶。罐装水果和听装饮料在运输途中及存放过程中会附着灰尘，使用时瓶口或罐身还会残留部分酒液，要使用专用消毒湿巾将其擦拭干净。

（3）摆放酒瓶：按摆放原则逐一进行陈列，做到整齐有序。

2. 酒水陈列原则

（1）分级分类摆放：类别不同的酒水应分开摆放，如烈酒类与利口酒等。

等级不同、价格悬殊的酒也应分开摆放，如路易十三与普通白兰地等。名贵的酒亦可单独陈列，以便吸引客人注意，同时尽显酒吧高贵不凡的品质。

（2）将名贵酒或不常用的酒摆在显眼处，较贵且不常用的酒摆在酒架高处。

（3）酒瓶与酒瓶之间要有间隙，既方便取用，又便于摆放配套的酒杯和装饰物，以烘托气氛，满足客人的视觉享受。

（4）应将所有酒标正面朝向客人。

（5）将酒吧专用酒和陈列酒分开摆放，把酒吧专用酒放在伸手可及的地方。在调酒时，要不受周围环境的干扰，并且不要在寻找工具上浪费太多时间和精力，只有这样，才能高质量完成工作。

3. 酒水陈列方式

酒水的陈列方式取决于酒吧的工作程序。调酒师要有一定的经验，了解什么工具最常用、什么酒最常用。

例如，一个8米长的吧台，有5名调酒师，另有2个后吧，如果按五纵五列摆放酒水，每一个纵列中陈列的酒水应该是相同的。

五纵五列酒水陈列方式

昂贵的干邑和稀有的君度酒	其他一些烈酒	昂贵的干邑和稀有的君度酒	其他一些烈酒	昂贵的干邑和稀有的君度酒
威士忌	VS VSOP级干邑	威士忌	VS VSOP级干邑	威士忌
伏特加、朗姆酒、金酒、特吉拉	伏特加、朗姆酒、金酒、特吉拉	伏特加、朗姆酒、金酒、特吉拉	伏特加、朗姆酒、金酒、特吉拉	伏特加、朗姆酒、金酒、特吉拉
果汁、甜果汁、利口酒、味美思	果汁、利口酒	果汁、甜果汁、利口酒、味美思	果汁、利口酒	果汁、甜果汁、利口酒、味美思

4. 酒槽中酒水的摆放原则

（1）按类别摆放。

（2）将酒标正面朝向调酒师。

（3）在瓶口上插入酒嘴，嘴口统一向左。

（4）营业结束后卸下酒嘴，重新拧上瓶盖。每天用水清洗，晾干酒嘴；每周用苏打水将酒嘴在冰桶中浸泡一夜，以便将酒嘴里的酒垢溶解。

五、补充、陈列酒水注意事项

（1）领用及摆放酒水原料时应轻拿轻放，避免造成破漏。

（2）每天必须对冷柜进行清洁，用抹布将冷柜内侧、隔层架擦干净，冷柜底部不能有积水。

（3）瓶装酒除日常外部清洁外，还需定期清洁瓶口。

（4）检查酒水、饮料的保质期。

听力
酒吧用具

模块 6　摆放酒具

工作任务

- 掌握各类酒具摆放的区域与位置。
- 了解酒吧各类酒具及其用途、用法。
- 熟悉酒吧吧台区域设置。

引导问题

- 酒吧常用的酒具有哪些？
- 酒吧区域设置有哪几部分？
- 如何摆放酒吧用具？

一、酒吧常用调酒用具

（1）英式标准摇壶：由壶身、滤冰器和壶盖三部分组成。按容量大小分，有 250 毫升、350 毫升和 530 毫升等多种规格。

（2）美式波士顿摇壶：操作快捷方便，是花式调酒专用工具。它由两只锥形杯组成，分别是玻璃调酒杯和不锈钢壶身，或由直径不同的两只不锈钢壶身组合而成。

（3）混酒杯：一种阔口、高身的厚玻璃杯，规格容量为 16~18 盎司，常与锥形不锈钢壶身组成美式波士顿摇壶，或与吧匙、滤冰器组合使用。

（4）量酒器：用来度量酒水分量的工具，有不锈钢和玻璃两种材质，其中，不锈钢量杯上下两头最常见的容量为 28 毫升和 42 毫升。

（5）吧匙：一种带有螺旋状手柄的调酒工具，是用于混合酒类的长匙。根据长短，分为大、中、小三种型号。

（6）滤冰器：用于过滤冰块的工具，不锈钢材质，常与美式摇壶或调酒杯组合使用。分有两脚、四脚和无脚三种，适用于 16～18 盎司美式摇壶或调酒杯。

（7）挤汁器：专门用来挤压汁水丰富的柠檬、橘子、橙子等水果的工具。

（8）冰铲：由不锈钢或塑料制成，用于从冰槽或冰桶中铲放冰块。

（9）冰夹：常用于夹取冰块或饮品装饰物，一般由不锈钢制成。

（10）冰锥：用于分离冰块。

（11）冰桶：用于盛放冰块或客人饮用白葡萄酒、香槟时作冰镇用，由不锈钢制成，规格型号大小不一。

（12）吧刀：由不锈钢制成，用于切水果及饮品装饰物。

（13）砧板：由塑料制成，与吧刀配合用于切制水果及饮品装饰物。

（14）削皮刀：用于削出线状柠檬皮的专用刀。

（15）压棒：在调酒杯里压榨果汁的专用工具，有木材和塑料两种材质。

（16）吸管：方便客人饮用加冰或大容量饮品的用具。

（17）搅棒：置于装有冰块的柯林斯杯或高杯中，方便客人搅拌杯中饮料。

（18）鸡尾酒签：穿装饰物用。

（19）杯垫：用纸、皮革制成，用于垫杯或瓶装饮品，具有美观、吸水、防滑等作用。

（20）果汁瓶：带有倒嘴的塑料容器，用于装果汁及其他软饮料。

（21）挤汁壶：装糖浆、蛋清等原料的塑料容器。

（22）酒嘴：不锈钢或塑料材质，插在酒瓶瓶口上，倒酒时更容易控制流量，分慢速、中速、快速三种型号。

（23）定量酒嘴：把酒嘴插在酒瓶口上，将酒瓶倒置并安装在酒架上。按下酒嘴开关，能快速准确地流出定量酒液。每次流出 30 毫升是常见的规格。

（24）酒刀：开启葡萄酒的专用工具。

（25）开罐器：开启罐头的专用工具。

（26）起子：开启汽水瓶、啤酒瓶瓶盖的专用工具。

（27）盐边盒：做盐边杯、糖边杯的专用工具，塑料材质，可开合。

（28）饰物盒：用于盛放装饰物的专用工具，塑料材质，能起保鲜作用。

（29）吸管/餐巾盒：集中收纳吸管、搅棒、纸巾等小物品的工具。

（30）吧垫：铺在吧台内工作区域的塑料垫。把摇壶、调酒杯及饮品成品等摆放在吧垫上，既能防水又能起到保护吧台（特别是木吧台）的作用。

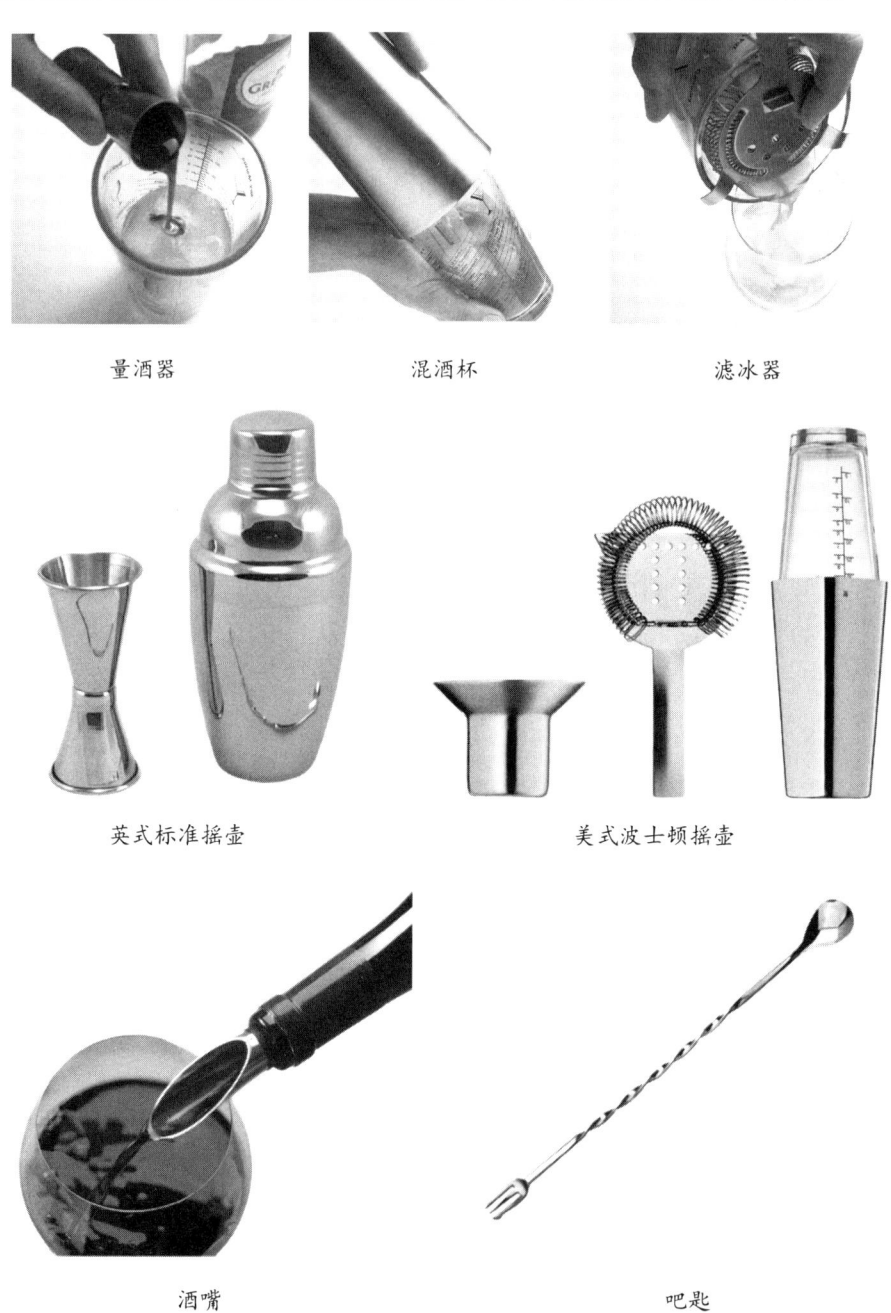

量酒器　　　　　　　混酒杯　　　　　　　滤冰器

英式标准摇壶　　　　　　　美式波士顿摇壶

酒嘴　　　　　　　吧匙

✐ 知识链接

英式标准摇壶与美式波士顿摇壶在使用上的异同

两种摇壶的摇法和使用工具是相同的，不同之处包括：

❖ 工具名称

英式：标准摇壶

美式：波士顿摇壶

❖ 结构

英式：由壶身、滤冰器和壶盖三部分组成

美式：由两只锥形杯组成

❖ 使用环境

英式：酒店、西餐厅

美式：专业酒吧

❖ 配合使用的工具

英式：量酒器

美式：酒嘴、滤冰器

❖ 调酒手法

英式：英式调酒

美式：美式（花式）调酒

为什么不能直接用玻璃杯铲冰

（1）玻璃杯是易碎品，直接铲冰容易造成碎裂。

（2）碎裂的玻璃块与冰块在外观上极为相似，容易出现意外。

（3）不符合卫生标准。

二、摆放调酒用具

1. 摆放原则

（1）先清洁吧台（前吧、工作吧和后吧），做到干净、无尘、无水迹。

（2）调酒用具经消毒、无破损，符合卫生要求。

（3）在相应位置摆放调酒用具。

（4）放置合理，伸手可及，便于工作。

2. 摆放

应将调酒用具整齐摆放在工作台上，杯垫、吸管、调酒棒和鸡尾酒签也放在工作台前备用。吸管、调酒棒和酒签用杯子盛放。

（1）雪柜：安放于工作吧台或后吧区域。

（2）水槽：通常为一格或两格，可按实际需要自行设置水槽、冰槽位置，并安放于工作吧台区域。

（3）冰槽：清洗槽中的一格或两格是冰槽。

（4）制冰机：安放于工作吧台区域。

（5）冰铲：放置于制冰机旁或酒吧冰槽上方。

（6）碎冰机：放置于工作吧台或星盘上。

（7）果汁瓶：放置在带制冷的工作台槽中或冰槽里。

（8）酒槽：安装在星盘或工作台一侧。

（9）搅拌机：放置于工作吧台上。

（10）榨汁机：放置于工作吧台上。

（11）奶昔机：放置于工作吧台上。

（12）蒸馏咖啡炉：放置于前吧台或工作吧台上。

（13）咖啡暖炉：放置于前吧台或工作吧台上。

（14）英式标准摇壶：放置于前吧台或工作吧台上。

（15）带酒嘴的酒瓶：一般放置在酒槽内，也可置于后吧台上。

（16）量酒器：放置于前吧台或工作吧台上。

（17）挤汁壶：放置于工作吧台上。

（18）饰物盒：放置于工作吧台上。

（19）吸管/餐巾盒：放置于前吧台上。

（20）吧垫：放置于前吧台或工作吧台上。

（21）烟缸与酒水牌（酒单）：放置于前吧台上。

（22）垃圾桶：安放于工作吧台区域，一般放置在水槽下方。

3. 准备其他用品

（1）新鲜冰块：用冰桶从制冰机中取出冰块，放在操作台的冰槽中。

（2）调味品：将稀释的果汁、豆蔻粉、盐、糖等常用调味品放在操作台上。

（3）将各类蔬果切成所需形状，用保鲜纸包好后放在冰箱中备用。

4.酒吧常用器具的消毒

清洗酒吧常用器具一般分为冲洗、浸泡、漂洗和消毒四个步骤。其中，消毒的常用方法有高温消毒法和化学消毒法。凡有条件的地方都要采用高温消毒法，其次才考虑化学消毒法。高温消毒法主要包括以下几种：

（1）煮沸消毒法：是公认的简单又可靠的消毒方法。把器皿放入水中后，将水煮沸并持续2～5分钟，就可以达到消毒的目的。需要注意的是，应将器皿全部没于水中，消毒时间从水沸腾后开始计算，水沸腾后不能再降温。

（2）蒸汽消毒法：给消毒柜（车）上插入蒸汽管，管中的流动蒸汽是过饱和蒸汽，一般温度在90℃左右，消毒时间为10分钟。操作时要防止消毒柜漏气，堆放的器皿间要留有一定空间，便于蒸汽流通。

（3）远红外线消毒法：该方法属于热消毒法。使用远红外线消毒柜，在120～150℃的高温下持续15分钟，基本可以达到消毒的目的。

模块7　擦拭酒杯

听力
玻璃器皿

❖ 工作任务

- ❖ 掌握酒杯擦拭的操作方法与注意事项。
- ❖ 理解杯具洗涤的基本步骤。
- ❖ 熟悉酒吧常用酒杯。

❖ 引导问题

- ❖ 如何清洁酒杯？
- ❖ 擦拭酒杯时需要注意什么？

一、常用酒杯的类型

（1）鸡尾酒杯：也称马天尼杯，常用规格为4盎司或12盎司，用于盛装鸡尾酒和一些特殊饮品。使用这种杯子盛装鸡尾酒前必须经过冰杯处理或直接冷冻处理。

（2）葡萄酒杯：容量规格多样，常用规格为12盎司，用于盛装葡萄酒和一些特殊饮品。

（3）洛克杯：常用规格为6~8盎司，用于盛装烈酒混合冰块、纯烈酒及一些特定的鸡尾酒。

（4）柯林斯杯：常用规格为12~14盎司，用于盛装各种烈酒勾兑软饮料、混合饮料及一些特定的鸡尾酒。

（5）古典杯：常用规格为8~10盎司，与柯林斯杯属同类型杯具，使用方法相同。

（6）高杯：亦称海波杯，常用规格为8~10盎司，用于盛装各种汽水、软饮料及一些特定的鸡尾酒。柯林斯杯和高杯都属于平底高杯，外形极为相似，可以从容量大小、杯口直径等方面进行区分。

鸡尾酒杯　　　红葡萄酒杯　　　白葡萄酒杯

洛克杯　　　古典杯　　　柯林斯杯　　　高杯

📎 牛刀小试

一借杯盏诉衷情

不同类型的酒品，需要用适合它的酒具和杯型去盛装并进行品饮，才能更好地诠释酒品的特点。自古以来，中国人始终对于饮酒带有独特的浪漫情怀，诗人以酒寄才思与豪情，既添生活乐趣，也借杯盏诉衷情。

早在公元前 10 世纪，就有西域向西周的天子进贡夜光杯的记载。那个时候的夜光杯是用和田玉制成的，后来和田玉供应不上，因而改用祁连山的酒泉玉，这才有了"葡萄美酒夜光杯，欲饮琵琶马上催。醉卧沙场君莫笑，古来征战几人回"的千古绝句。用祁连山玉石雕制成的酒杯，倒入酒后，色呈月白，反光发亮，因此得名夜光杯。

东西方文化的碰撞，会不会让鸡尾酒别有一番深邃质朴之美呢？请同学们通过互联网、图书馆查阅资料等方式，搜集更多与中国酒文化有关的酒具和酒杯的资料，并思考如何将其运用到鸡尾酒的调制中来。

鸟形盉——中国古代盛酒器（古人用来调和酒味浓淡的器具）

二、酒杯的使用与管理

（1）搬运：玻璃器皿应轻拿轻放，整箱搬运时应注意外包装上的"向上"标记，不要倒置。准备摆台时，应将平底无脚杯和带把的啤酒杯倒扣在托盘上运送；拿葡萄酒杯时，可用手托送（戴手套），将杯脚插入手指中，让平底靠近掌心。注意：在服务过程中，所有酒杯都必须用托盘服务。

葡萄酒杯的拿法

（2）测定耐温性能：对新购进的玻璃器皿可进行一次耐温急变测定。测定时，可抽出几个器皿放置在1℃~5℃的水中约5分钟，取出后再用沸水冲洗，以没出现破裂的质量为好。

（3）检查：在摆台前要认真检查全部器皿，不能有丝毫破损。

（4）清洗：用过的酒杯先用冷水浸泡去除酒味，然后用清洗剂洗涤，冲净后消毒，保持器皿光亮透明。高档酒杯宜手洗。

（5）保管：要将洗涤过的器皿分类存放好，不经常使用的玻璃器皿要用软性材料隔开，以免直接接触发生摩擦和碰撞，造成破损。

三、清洗酒杯

（1）冲洗：杯具的冲洗分两部分。首先将杯中的剩余酒水、鸡尾酒的装饰物、冰块等倒掉，然后用清水简单冲刷一下，称为预洗。

（2）浸泡清洗：将经过预洗的杯具放在倒有洗涤剂的水槽中浸泡数分钟，然后用洗洁布分别擦洗杯具的内外侧特别是杯口部分，确保将杯口的酒渍、口红等全部洗净。一些高杯、柯林斯杯等高身的直筒杯，可用洗杯毛刷或自动洗杯毛刷机来清洗内壁和杯内底部。

（3）消毒：洗净的杯具有两种消毒方法：一是化学消毒法，即将清洗过的杯具浸泡在专用消毒剂中消毒；二是电子消毒法，即将杯具放入专门的电子消毒柜进行消毒处理。

（4）擦干：将经过洗涤、消毒（电子消毒除外）的杯具放在滴水垫上，沥干水,然后用干净的餐巾将杯具内外擦干,倒扣在杯筐或杯具储存处备用。

四、擦拭酒杯操作流程

(1)准备两条清洁干爽的餐巾,将一条叠成长条状,另一条叠成方形。

(2)在冰桶或容器中装入热开水至八成满。

(3)将酒杯杯口对着热水表面,让水蒸气进入杯内。当杯中充满水蒸气时,用清洁干爽的餐巾擦拭。

(4)左手拿方形餐巾握住酒杯底部,右手将长条状餐巾塞入杯中,双手旋转擦拭,擦至杯中的水蒸气完全干净、杯子透亮为止。

(5)擦拭酒杯时注意用力不可太猛,防止弄碎酒杯。

(6)将杯子置于光亮处,检查是否有未擦干净的水迹。

擦拭酒杯

五、摆放酒杯

(1)先清洁吧台(前吧、工作吧和后吧),做到干净、无尘、无水迹。

(2)在工作吧台或后吧台的某个区域铺上干净的白台布或滴水垫。

(3)将擦拭好的酒杯按种类摆放整齐,倒扣在洁净的白台布或滴水垫上,或插放在洁净的杯筐中,需冰冻的杯具如啤酒杯、各种鸡尾酒杯可放于冰柜中。

(4)常用的酒杯应摆在伸手可及处。

模块 8　检查设备

◎ 工作任务

❖ 熟悉酒吧常用设备。
❖ 了解常用设备的基本使用及维护保养
❖ 掌握设备检查的基本操作要领。

◎ 引导问题

❖ 酒吧的常用设备有哪些？
❖ 开吧工作中如何检查设备？

一、酒吧电器设备类型

酒吧设施设备一般分为制冷、清洁及调制三种类型。其种类繁多，用途也各不相同，但由于其多数为电气及自动化设备，因此在使用上相对简单。

1. 制冷设备

（1）冰箱。
（2）立式冷藏柜。
（3）上霜机。
（4）制冰机。
（5）生啤机。

2. 清洗设备

（1）洗涤槽。
（2）洗杯机。

3. 调制设备

（1）电动搅拌机。
（2）果汁机。
（3）榨汁机。

（4）奶昔搅拌机。

（5）咖啡器。

4. 智能终端设备

星级饭店酒吧还配备有 POS/ECR 终端机，使其成为饭店计算机网络的一部分。它具有记录账单、销售分析、监督和管理每日销售情况、分派和储存酒水饮料的数量等新功能。管理人员可根据终端提供的数据，检查、分析酒吧的经营情况，不断调整营销决策。

二、酒吧常用设备

（1）制冰机：不同型号或品牌的制冰机，制成的冰块形状不同，常见的有四方体、圆体、扁圆体和长方条等多种形状。四方实心冰块因不易融化，适合酒吧使用。酒吧管理者主要根据制冰机 24 小时的制冰量来确定制冰机的型号。

（2）碎冰机：使用搅拌机制作饮品时，一般都要使用碎冰机，用来将冰块碾磨成碎粒状。

（3）搅拌机：一种带刀片的高速旋转的电动工具，常用于调制鲜果饮品。

（4）榨汁机：用于榨出鲜果果汁的工具。

（5）奶昔机：奶昔是一种用鲜牛奶加冰激凌混合的饮料，奶昔机就是用来搅拌鲜牛奶加冰激凌的。个别用摇和法调制的饮品也可用它制作。

（6）生啤机：从生啤桶中压出生啤酒的制冷系统，由气瓶、制冷设备和酒桶三部分组成。

（7）咖啡暖炉：使成品咖啡保持一定温度的工具。

（8）半自动咖啡机：制作意大利特浓咖啡的专业设备。使用前要先经过人工磨粉、压粉等环节，故称为"半自动"。此类机器有多种型号。

（9）咖啡研磨机：研磨咖啡豆的专用工具，它能准确研磨出有碎度要求的咖啡粉。

（10）酒吧清洗槽：清洗酒吧工具器皿的设备。

（11）酒槽：用于盛放常用酒水的不锈钢槽，一般置于调酒工作区域下方，方便操作。

（12）冷柜：属于酒吧的制冷设备，分立式与卧式两种。

三、设备设施的检查

为保障酒吧正常运转，营业前要仔细检查空调、音响、灯光照明、冰箱、制冰机、咖啡机等各类电器设备，保证设备运转良好。如发现故障，应立即填写工程维修单送工程部维修。

（1）检查搅拌设备。

（2）检查洗杯机（包括清洗剂）。

（3）检查冰箱运行是否正常，饮料是否是冷的。

（4）检查扎啤机是否正常工作。

（5）检查收银机及打印机是否正常工作。

（6）检查灯的开关。

（7）检查背景音乐系统是否正常工作。

◆ 思政园地

让工匠精神照亮职业生涯

2020年12月10日，习近平总书记致信祝贺首届全国职业技能大赛举办，强调职业教育要"大力弘扬劳模精神、劳动精神、工匠精神""培养更多高技能人才和大国工匠"。在长期实践中，我们培育形成了"执着专注、精益求精、一丝不苟、追求卓越的工匠精神"。迈向新征程，扬帆再出发，社会急需一大批具有工匠精神的劳动者，亟待让工匠精神在全社会更加深入人心。请组织学生（员工）参加由劳模或饭店业务骨干主讲的座谈会及报告会等，与"劳模精神""工匠精神"面对面。

项目❹ 调制鸡尾酒

项目4 题库

"给我来一份大都会 a cosmopolitan！"一位年轻女士对调酒师说。

调酒师马上开始准备，动作迅速且自信，所用杯子事先冷却到了-18.4℃。调酒师将调制好的酒过滤到经冷却的杯子里，然后用红玫瑰装饰："女士，这是您点的鸡尾酒，请品尝。"

【想一想】如果你是调酒师，怎样才能调制出一杯令客人满意的鸡尾酒？

模块 9　调制鸡尾酒

世界经典鸡尾酒配方

🍃 工作任务

❖ 了解鸡尾酒的发展历史。
❖ 掌握鸡尾酒的基本结构、分类。
❖ 掌握鸡尾酒的调制原理及方法，并能根据鸡尾酒配方调制出鸡尾酒。

🍃 引导问题

❖ 什么是鸡尾酒？
❖ 鸡尾酒由哪些部分构成？
❖ 如何对鸡尾酒命名和分类？
❖ 鸡尾酒的调制方法有哪些？
❖ 鸡尾酒常用装饰物的制作方法有哪些？

一、鸡尾酒的概念

鸡尾酒起源于19世纪中期的美国，其英文为"cocktail"，是指用两种以上的酒类和饮料及果汁、糖、苦精、奶、蛋等各种酸、甜、苦、辣的调味品，再加冰块混合调制，在酒液中或酒杯上用各种色彩艳丽的鲜果加以装饰，成为色、香、味、形俱佳的混合饮品。

美国《韦氏词典》对鸡尾酒所下的定义是：鸡尾酒是一种量少而冰镇的酒品饮料。它是以朗姆酒、威士忌、其他烈酒或葡萄酒为基酒，配以其他材料，如蛋、果汁、苦精、糖等，以搅和法或摇和法调制而成，最后再装饰柠檬片或薄荷叶等。

知识链接

国际调酒师协会

国际调酒师协会，英文全称是 INTERNATIONAL BARTENDERS ASSOCIATION，简称IBA，是以国家（或地区）为会员的国际性组织，为业内公认的全球最专业、最权威的调酒师协会。

IBA于1951年诞生于英国，截至2019年共有65个会员国（地区），涵盖欧洲、北美洲、南美洲、亚洲、大洋洲。IBA总会所在地随着总会长的变动而迁移。IBA每年在指定会员国举办IBA年会、世界杯、亚太杯传统和花式调酒大赛。特别是世界杯国际调酒师大赛，是全球覆盖面最广、规格最高、水准最高的大赛，堪称调酒界的"奥运会"。

二、鸡尾酒的基本结构

鸡尾酒的品种有成千上万种，调制方法也各不相同，但无论其配方如何变化，鸡尾酒的基本结构不变，即由基酒、辅料、装饰物三部分构成。

1. 基酒

基酒，也称为酒基、主料、酒底等，是构成鸡尾酒的主体。常以烈性酒如金酒、伏特加、威士忌、朗姆酒、白兰地、特吉拉酒等作为基酒，也有少数鸡尾酒以葡萄酒、配制酒等为基酒的，无酒精鸡尾酒则以软饮料调制而成。鸡尾酒以基酒的不同类型确定酒品风格，由此再分门别类派生出数以千计的各种鸡尾酒配方。

2. 辅料

辅料是在调制鸡尾酒时用于调味、调香、调色的材料的总称，主要是开胃酒类、利口酒类、果汁类、碳酸饮料类、糖浆类、牛奶类、调味品类、香精类。它可使鸡尾酒形成酸、甜、苦、辣、咸等不同口味并可与基酒充分混合，降低基酒的酒精浓度，丰富鸡尾酒的香气，增添鸡尾酒的色彩，使鸡尾酒成为色、香、味俱佳的艺术品。

鸡尾酒辅料——利口酒类

3. 装饰物

装饰物是鸡尾酒的重要组成部分，它对创造酒品的整体风格和艺术效果有着画龙点睛的作用。巧妙运用装饰物，可以使一杯平淡无奇的鸡尾酒立刻鲜活、生动起来。

我们可以根据鸡尾酒的名称、颜色、味道来选择装饰物。

（1）樱桃：有红樱桃和绿樱桃两种。

（2）橄榄：包括青橄榄、黑色咸橄榄及酿水橄榄。

用樱桃和橄榄装饰

（3）水果类：水果是装饰鸡尾酒最常用的原材料，如柠檬、青柠、橙子、阳桃、菠萝、香蕉、苹果等。根据装饰要求可将水果切成片、角、块，或取皮造型。还有一些水果，掏空果肉后作为天然的鸡尾酒酒具，如椰壳等。

（4）蔬菜类：一些蔬菜也常被用于装饰鸡尾酒，常见的有西芹条、新鲜黄瓜条、酸黄瓜、小番茄、珍珠洋葱、胡萝卜条等。

用柠檬皮装饰　　　　用西红柿、辣椒、西芹装饰

（5）花叶类：花草绿叶也是常用的鸡尾酒装饰材料，这类材料能使鸡尾酒

充满自然生机和青春活力。常见的有新鲜薄荷叶、洋兰、玫瑰等。花叶的选择应注重清洁卫生、无毒无害、没有强烈的香味和刺激气味。

用鲜花装饰

用薄荷叶装饰

（6）挂霜类：某些鸡尾酒是将载杯杯边做成咸的或甜的霜边。可先用一小块柠檬或橙子擦一下杯口，然后把杯口放入盐或糖粉中。如果用不同颜色的利口酒沾湿杯边再放入盐或糖粉中，就可以得到不同颜色的霜边。

用橙子擦杯口

挂霜

（7）其他装饰类：各类吸管（彩色、加旋形）、搅拌棒、小纸伞、鸡尾酒签等也可装饰鸡尾酒，另外，载杯的形状、图案、花纹等也能对鸡尾酒起到装饰作用。

用吸管和纸伞装饰

三、鸡尾酒的命名

鸡尾酒的命名五花八门，千奇百怪。有的根据人名、地名命名，有的根据调制原料命名，有的根据颜色、口感命名，有的根据创作典故命名，有的鸡尾酒同时结合了多种因素……即便是同一结构和成分的鸡尾酒，也会因为部分原料微调或装饰改动，又可衍生出多种不同名称的鸡尾酒。

常见的鸡尾酒命名方式有以下几种：

（1）根据调制原料命名，最典型的例子是金汤力（Gin Tonic），即用金酒加汤力水兑和而成。

（2）根据人名、地名等命名，典型例子如用人名命名的玛格丽特（Margarita）、基尔（Kir）、亚历山大（Alexander）、秀兰·邓波儿（Shirley Temple），用地名命名的曼哈顿（Manhattan）、新加坡司令（Singapore Sling）、蓝色夏威夷（Blue Hawaii）、自由古巴（Cuba Libre）、长岛冰茶（Long Island Iced Tea）。

（3）根据颜色、口感命名，典型例子有青草蜢（Grasshopper）、红粉佳人（Pink Lady）、绿眼（Green Eyes）、彩虹酒（Rainbow）、威士忌酸（Whiskey Sour）、白兰地酸（Brandy Sour）、金酸（Gin Sour）等。

（4）根据创作典故命名，如马天尼（Martini）、莫斯科骡（Moscow Mule）、边车（Side Car）、迈泰（Mai Tai）、螺丝刀（Screw Driver）等。

● 知识链接

著名鸡尾酒的故事——玛格丽特

1949 年,美国举行全国鸡尾酒大赛,来自洛杉矶的调酒师 Jean Durasa 参赛。参赛作品是 Margarita Cocktail,这款鸡尾酒正是他的冠军之作。之所以命名 Margarita Cocktail,是纪念他的已故恋人 Margarita。

1926 年,Jean Durasa 去墨西哥,与 Margarita 相识相恋。然而,有一天,两人去野外打猎时,玛格丽特不幸中了流弹,最后倒在了恋人 Jean Durasa 的怀中。于是 Jean Durasa 就用墨西哥的国酒特吉拉 Tequila 作为鸡尾酒的基酒,用柠檬汁的酸味代表心中的酸楚,用盐霜寓意怀念的泪水,调制而成这款世界经典鸡尾酒。Margarita 在世界各地酒吧流行的同时,也成为特吉拉 Tequila 的代表鸡尾酒。

著名鸡尾酒的故事——亚历山大

这款鸡尾酒诞生之初,有一个非常女性化的名字——亚历山姗朵拉。

19 世纪中叶,为了纪念英国国王爱德华七世与皇后亚历山德拉的婚礼,人们调制了这款鸡尾酒,作为对皇后的献礼。不出所料,国王和王后对这款新品鸡尾酒青睐有加,更把它作为忠贞不渝爱情的见证。

这是一款名副其实的皇家鸡尾酒,由于酒中加入了咖啡、利口酒和鲜奶油,所以喝起来口感甜美,非常适合女性饮用。它象征着爱情的甜美、婚姻的幸福,是向全世界宣告爱的味道,非常适合热恋中的情侣共饮。

著名鸡尾酒的故事——迈泰

迈泰是酒吧中最常见的几款鸡尾酒之一,来自加勒比海,是一款很适合夏季饮用的鸡尾酒,因在猫王的电影蓝色夏威夷"Blue Hawaii"中被当作道具使用,因而名声大噪。

该款鸡尾酒是由白色朗姆酒和黑朗姆酒、橙皮甜酒、柠檬汁、红石榴糖浆、糖水等,经摇和后过滤到冷却的加满碎冰的威士忌杯中,用菠萝、薄荷叶或青柠装饰,不同配方也可加入不同果汁。即使身处热带,它也能带来一丝清凉。

Mai Tai,意为极品,好极了!你只要喝一口,就会深刻体会到这种感觉。

四、鸡尾酒的分类

1. 按饮用的时间、地点、场合分类

按照饮用时间和场合,可将鸡尾酒分为餐前鸡尾酒、餐后鸡尾酒、佐餐鸡尾酒、睡前鸡尾酒、全天候鸡尾酒、派对鸡尾酒和季节鸡尾酒等。

(1)餐前鸡尾酒:餐前鸡尾酒又称餐前开胃鸡尾酒,主要是在餐前饮用,具有生津开胃、增进食欲的作用。此类鸡尾酒含糖量较少,口味或酸或甘洌,即使是甜型餐前鸡尾酒,口味也不是十分甜腻。常见的餐前鸡尾酒有马天尼、曼哈顿、基尔、血腥玛丽及各类酸酒等。

(2)餐后鸡尾酒:餐后鸡尾酒是佐餐甜品,口味比较甘甜,多使用色彩艳丽的利口酒,尤其是能够清新口气、增进消化的香草类利口酒。这类利口酒中掺入了诸多药材,饮后能化解食物油脂,促进消化。常见的餐后鸡尾酒有 B&B、斯汀格、亚历山大、彩虹酒、天使之吻等。

(3)佐餐鸡尾酒:佐餐鸡尾酒一般在用餐时饮用,口味较辛辣、甘洌,酒品色泽鲜艳,非常注重与菜肴口味的搭配,有些可作为西餐头盘、汤类等菜肴的替代品。在一些较正规和高雅的餐饮场合,通常选择以葡萄酒佐餐,而较少用鸡尾酒佐餐。

(4)睡前鸡尾酒:睡前鸡尾酒即所谓安眠酒。一般认为,睡前酒最好是以白兰地为基酒，调制出味道浓重的鸡尾酒或使用鸡蛋的鸡尾酒。

（5）全天候鸡尾酒：全天候饮用鸡尾酒是形式和数量最多的一类鸡尾酒，多数鸡尾酒属于这一类。此类酒各具特色，不拘一格，任何时候喝都可以。

（6）派对鸡尾酒：派对鸡尾酒是在一些派对场合使用的鸡尾酒，其特点是非常注重酒品的口味和色彩搭配，酒精含量一般较低。既可满足人们交际的需要，又可以烘托各种派对的气氛，很受年轻人的喜爱。常见的有特吉拉日出、自由古巴、马颈等。

（7）季节鸡尾酒：季节鸡尾酒主要是指适合在夏日、冬日等季节饮用的鸡尾酒，其中以适合夏日饮用的居多。此类鸡尾酒清凉爽口，具有生津解渴之妙用，尤其是在热带地区或盛夏酷暑时饮用，味美怡神，香醇可口，如长岛冰茶、椰林飘香、琪琪、蓝色夏威夷等。

知识链接

著名鸡尾酒的故事——长岛冰茶

美国长岛的冬季是最适合捕鱼的季节，然而也是天气最寒冷的季节。渔夫们常常要冒着严寒在船上工作。他们衣着单薄，为了抵御寒冷，因而在捕鱼时不停地喝酒，而且是将几种不同的烈性酒混在一起喝。

这种勾兑烈性酒的土方法经由当地调酒师改良，加入柠檬和可乐，使之发生了脱胎换骨的变化。

虽然这种酒由多种烈性酒混合而成，但是色泽与口感都很像柠檬茶，结合这款鸡尾酒的发源地，最终被命名为长岛冰茶（Long Island Iced Tea）。

2.按酒精含量和鸡尾酒分量分类

按照酒精含量和分量分类，可将鸡尾酒分为长饮类鸡尾酒和短饮类鸡尾酒两大类。

（1）长饮类鸡尾酒：长饮类（Long Drink）鸡尾酒是用蒸馏酒、配制酒、果汁、汽水等调制而成的混合饮料。其基酒用量通常较少，多为1盎司，而软饮料等辅助材料用量较多，因此形成了酒精含量较低、饮品分量较大、口感清爽平和的饮品特点，是一类较为温和的酒品。由于酒精含量在10%以下，可放置较长时间不影响其风味，因而可长时间饮用，故称为长饮。

（2）短饮类鸡尾酒：短饮类（Short Drink）鸡尾酒是一种酒精含量较高、分量较少的鸡尾酒。通常一饮而尽，不必耗费太多时间，如马天尼、曼哈顿等。其基酒用量通常在50%以上，最高可达70%～80%，酒精含量在30%左右。

3. 根据鸡尾酒的基酒分类

根据调制鸡尾酒使用的基酒品种进行分类也是一种常见的鸡尾酒的分类方法，且分类方法简单易记。

（1）以白兰地为基酒的鸡尾酒，如亚历山大、边车、白兰地蛋诺、白兰地酸酒、B&B等。

（2）以伏特加为基酒的鸡尾酒，如黑俄罗斯、血腥玛丽、螺丝钻、莫斯科骡、咸狗、琪琪等。

鸡尾酒基酒——白兰地系列

鸡尾酒基酒——伏特加系列

（3）以金酒为基酒的鸡尾酒，如红粉佳人、金汤力、马天尼、金菲士、阿拉斯加、新加坡司令等。

（4）以威士忌为基酒的鸡尾酒，如曼哈顿、古典鸡尾酒、爱尔兰咖啡、威士忌酸等。

鸡尾酒基酒——金酒系列

鸡尾酒基酒——威士忌系列

（5）以朗姆酒为基酒的鸡尾酒，如自由古巴、百家地、得其利、迈泰等。

（6）以特吉拉为基酒的鸡尾酒，如特吉拉日出、玛格丽特、斗牛士等。

鸡尾酒基酒——朗姆酒系列

鸡尾酒基酒——特吉拉系列

4. 根据鸡尾酒的配制特点分类

根据鸡尾酒的配制特点分类，是目前世界上最流行的一种分类方法。它是将上千种鸡尾酒按照调制后的成品特色和调制材料的构成等诸多因素对鸡尾酒进行分类。主要种类如下：

（1）霸克类（Buck）：该类鸡尾酒属于长饮类鸡尾酒。它的配制方法是用烈酒加姜汁汽水、冰块，采用兑和法调配而成，饰以柠檬，使用海波杯盛载，如金霸克、苏格兰霸克、白兰地霸克等。

（2）柯林斯类（Collins）：是一种酒精含量较低的长饮类饮料，通常以威士忌、金酒等烈性酒，加柠檬汁、糖浆、苏打水或姜汁汽水调配而成，通常使用高杯盛载，如汤姆·柯林斯、白兰地·柯林斯。

（3）库勒类（Cooler）：是由威士忌等烈性酒加上柠檬汁或青柠汁，再加上苏打水或姜汁汽水调配而成，以海波杯或高杯盛载。与柯林斯类鸡尾酒同属一类，但通常有一条切成螺旋状的果皮做装饰，如威士忌库勒。

（4）考比勒类（Cobbler）：是由烈性酒与糖浆、苏打水或姜汁汽水等调制而成，有时还加入柠檬汁，装在有碎冰的海波杯中。如金考比勒、白兰地考比勒。

（5）黛茜类（Daisy）：是以金酒、威士忌、白兰地等烈酒为基酒，加糖浆、柠檬汁等材料摇匀，滤冰后倒入盛有碎冰的古典杯或海波杯中，用樱桃和一块圆形的橙子片进行装饰。可加入适量的苏打水，是酒精含量较高的短饮类鸡尾酒，如金黛茜、威士忌黛茜。

（6）酸酒类（Sour）：是以威士忌等烈性酒为基酒，加入柠檬汁和糖浆，在调酒壶中混合并用樱桃进行装饰的短饮类鸡尾酒。酸酒类鸡尾酒中的酸味原料比其他类型的鸡尾酒多一些，口味以酸为特点，如威士忌酸。

（7）司令类（Sling）：是一种长饮类鸡尾酒，采用烈性酒与大量的柠檬汁、糖浆摇匀后，倒入加有冰块的海波杯中，然后加入少量的苏打水调制而成，有时也加入一些调味的利口酒，如新加坡司令等。

（8）蛋诺类（Egg Nog）：是一种酒精含量较少的长饮类饮料，通常是用烈性酒加入牛奶、鸡蛋、糖、豆蔻粉等调制而成，是传统的美国圣诞节饮料，使用鸡尾酒杯或海波杯盛载，如白兰地蛋诺。

（9）茱莉普类（Juleps）：俗称薄荷酒，常以烈性酒如白兰地、朗姆酒等为基酒，加入碎冰、糖浆、薄荷叶（捣烂）等材料，在调酒杯中搅拌而成的鸡尾酒。一般用古典杯或海波杯盛载，装饰一片薄荷叶，如薄荷茱莉普。

（10）菲利浦类（Flip）：该类鸡尾酒通常以烈性酒或葡萄酒为基酒，加糖浆、鸡蛋等混合而成，采用摇和法调制，以鸡尾酒杯或葡萄酒杯盛载，如白兰地菲利浦、波特菲利浦等。

（11）菲士类（Fizz）：菲士，在英语里的意思就是"嘶嘶响"，是一种以烈性酒如金酒为基酒，加入蛋清、糖浆、苏打水等调配而成的长饮类饮料，因最后兑入苏打水时有一种"嘶嘶"的声音而得名，如金菲士等。

（12）奶油类（Creams）：是以烈性酒加一两种利口酒摇制而成，口味较甜，柔顺可口，餐后饮用效果颇佳，深受女士们的青睐，如青草蜢、白兰地亚历山大等。

（13）得其利类（Daiquris）：属于酸酒类饮料，主要以朗姆酒为基酒，加上柠檬汁和糖配制而成的冰镇饮料。调成的酒品非常清新，但放久了容易分层，所以一般即调即用。

（14）菲克斯类（Fix）：是一种以烈性酒为基酒，加入柠檬汁、糖浆和碎冰块及适量苏打水调制而成的长饮类饮料，常以海波杯或高杯盛载，如金菲克斯、白兰地菲克斯等。

（15）海波类（Highball）：是一种最为常见的混合饮料，通常是以烈性酒如金酒、威士忌、伏特加、朗姆酒等为酒基，兑以苏打水、汤力水或姜汁汽水等制作而成，并以海波杯作为载杯，因而得名。

（16）托地类（Toddy）：是以烈性酒如白兰地、朗姆酒为基酒，加入糖浆和水（冷水或热水）混合而成。托地有冷、热两个种类。热托地常以豆蔻粉或丁香、柠檬皮作装饰，适宜冬季饮用；冷托地常用果汁代替水来调制。

（17）马天尼类（Martini）：是用金酒和味美思等原料调制而成的短饮类鸡尾酒，是当今最流行的传统鸡尾酒。它分为甜型、干型和中性三种，其中以干型马天尼最为流行，深受饮酒者的喜爱。

（18）曼哈顿类（Manhattan）：与马天尼同属短饮类鸡尾酒，是由黑麦威士忌加味美思调配而成，尤以甜曼哈顿最为著名。其名来自美国纽约的曼哈顿，其配方经过了多次变化演变至今已趋于简单。甜曼哈顿通常以樱桃装饰，干曼哈顿则用橄榄装饰。

（19）老式酒类（Old Fashioned）：又称古典鸡尾酒，是一种传统的鸡尾酒。调制的原材料包括烈性酒，主要是波旁威士忌、白兰地等，加上糖、苦精、水及各种水果等用兑和法调制而成，选用正宗的老式杯装载，故称老式鸡尾酒。

（20）宾治类（Punch）：是较大型的酒会必不可少的饮料。宾治有含酒精的，也有不含酒精的，即使含酒精，其酒精含量也很低。调制的主要材料是烈性酒、葡萄酒和各类果汁。宾治酒变化多端，具有浓、淡、香、甜、冷、热、滋养等特点，适合于各种场合。

（21）漂浮类（Float）：根据酒水比重不同的特性调制而成。比重较小的酒水漂浮在比重较大的酒水上，形成多种颜色分层的鸡尾酒，如 B52、天使之吻、彩虹酒等。

知识链接

著名鸡尾酒的故事——马天尼

马天尼（Martini），被称为"鸡尾酒之王"。

据说，意大利的苦艾葡萄酒制造商马尔蒂尼·埃·罗西公司把自己公司生产的酒称为马尔蒂尼鸡尾酒，马天尼酒的名称由此而来。也有人说，其发祥地是美国旧金山的酒吧。让这种酒变得家喻户晓的是影片"007"系列男主角詹姆斯·邦德，他称这款酒为"我的马天尼"，这让这款酒的知名度大增，成为酒吧里最受欢迎的鸡尾酒之一。

马天尼酒的原型是杜松子酒加某种酒，最早以甜味为主，以甜苦艾酒为辅料。随着时代的变迁，其辛辣的味感逐渐成为主流。1979年，美国出版了《马天尼酒大全》，介绍了268种马天尼酒。

著名鸡尾酒的故事——曼哈顿

自鸡尾酒诞生之日起，人们就一直喝着这款鸡尾酒，念念不忘它的味道，无论在哪个酒吧，这款鸡尾酒总是客人的至爱，因而被称为"鸡尾酒王后"，它就是曼哈顿Manhattan鸡尾酒。

传说Manhattan（曼哈顿鸡尾酒）的产生与美国纽约曼哈顿有关。英国前首相丘吉尔的母亲是有1/4印第安血统的美国人，她是纽约社交圈的知名人物。据说，她在曼哈顿俱乐部为自己支持的总统候选人举行宴会，并发明了这款鸡尾酒来招待客人。

五、鸡尾酒调制准备

1. 掌握酒水配方中容量的表示方法

（1）盎司表示法：oz。

（2）毫升表示法：ml。

（3）分数表示法：以分数与杯具标准容量相乘可得出毫升读数。

2. 会换算酒吧常用计量单位

（1）1Ounce(oz)≈28.41ml（英制）≈29.57ml（美制）

（2）1Jigger≈1.5oz≈45ml

（3）1Teaspoon(Tsp)≈1/8oz≈4ml

（4）1Bar spoon (bsp)≈2ml

（5）1Dash≈1ml

3. 制作糖浆

糖浆（Sugar Syrup /Simple Syrup）是鸡尾酒的重要组成成分，一般由调酒师自制。

（1）原料：500克白砂糖，250克蒸馏水。

（2）方法：将以上原料放入搅拌机充分搅匀后，倒入容器并放入冰箱保鲜。

4. 制作甜酸汁

在一些新式鸡尾酒中，甜酸汁（Sweet & sour Mix）也是常用的原料。

（1）原料：4oz白糖浆，1/21oz新鲜柠檬汁，1/2oz新鲜青柠檬汁，1/3个鸡蛋白。

（2）方法：将以上原料放入容器中用吧匙充分搅匀，放入冰箱保鲜。

5. 制作混合青柠汁（Lime Mix）

（1）原料：1份新鲜青柠檬汁，2份柠檬味汽水，1份白糖浆。

（2）方法：把以上原料放入容器中用吧匙充分搅匀，放入冰箱保鲜。

6. 冰杯

为使用所调制的鸡尾酒达到最佳饮用温度，需要事先将载杯进行冰杯（预冷）处理。冰杯的方法主要有如下三种：

（1）在杯中装满冰块。

（2）把杯子放入专用冰箱冷冻。

（3）将1～2粒冰块放入杯中，用手指捏着杯脚，轻轻晃动杯子进行冰杯。

六、鸡尾酒调制原理、原则及程序

1. 调制原理

（1）鸡尾酒是由基酒、辅料和装饰物三个基本部分构成。基酒主要采用烈性酒，以调香、调色、调味等辅助材料调配而成，并用水果、花叶、蔬菜等装饰物进行装饰。

（2）从理论上讲，鸡尾酒是一种各种酒品相互混合的饮料。但在调制过程中，还是有一定的规律和禁忌的。中性风格的烈性酒可与绝大多数风格和滋味各异的酒品、饮料相配。风格、滋味相同或近似的酒品比较适宜相互混合调配，但风格、味型突出并相互抵触的酒品，如香型、药香型，一般不宜相互混合。

（3）调制鸡尾酒时，使用的材料中如有碳酸类汽水或有气泡的酒品，则不能采用摇和法，应选择兑和法或调和法进行调制。

2. 调制原则

（1）使用质量上乘的原料。

（2）切记水的重要作用，任何时候都不要直接用自来水制冰。

（3）为了不使冰融化，调酒的速度要快，一般在 1～3 分钟内完成。

（4）水果或果汁一定要现用现做。

（5）柠檬汁不仅能避免鸡尾酒的味道过于甜腻，而且能使其独具风味，此外，柠檬汁还能促使不同的原料更好地混合。

（6）如果一种鸡尾酒中加入了浓度为 40% 的蒸馏酒，那么它的总量，包括配料，体积不要超过 70 毫升。

（7）不要将谷物酒和葡萄蒸馏酒混合在一起。

（8）任何时间都不要在调酒壶中混合碳酸饮料，也不要将其倒入高脚杯中。

（9）如果必须用调酒壶制备泡沫鸡尾酒（在它的成分中加入糖浆），那么最好使用白砂糖。

（10）鸡尾酒在调酒壶中的时间越长温度就会越低，酒的浓度也随之降低。

（11）要遵守配方规定的程序，如果可以的话，要在最后加入最贵的原料。

（12）用调酒壶混合出几份鸡尾酒后，不要把高脚杯一下子添得满满的，要逐一倒满，使每个杯中的分量相同。

（13）要得到优质鸡尾酒，必须从调酒的高脚杯或调酒壶中把冰块中的水滗掉，这是在调酒师比赛中评价制备鸡尾酒技艺的基本标准之一。

（14）承认自己的错误没有什么可耻，失败是成功之母。

3. 调制程序及标准

（1）先按鸡尾酒配方要求找齐所需基酒、辅料等，整齐地放在工作台上。

（2）根据所要调制的鸡尾酒，选择并准备好调酒器具、载杯、装饰物等。保证器具和酒杯干净、透亮。

（3）调制鸡尾酒时，冰块是必不可少的材料，绝大部分鸡尾酒都会用到冰块。具体调制时，需要冰杯的先冰杯，然后按照先冰块、再辅料、后基酒的投料顺序投料。不过，采用电动搅拌机调制鸡尾酒时，冰块或碎冰通常是最后才加入的。

（4）用正确的配方及规范的调制方法调制、装饰并提供出品服务。倒酒时要使用量酒器，以保持成品口味一致。量酒器长期不用的，应倒置在装满水的容器中。为防止不同风味的鸡尾酒互相串味，要经常换水。使用调和法时，搅拌时间不能太长，一般用中速搅拌 5~10 秒即可；使用摇和法时，动作要快而有力，摇到调酒壶表面起冰雾即可；使用搅拌法时，冰块要新鲜，要用碎冰。整个调制过程中不要用手接触冰块、杯边或装饰物。

（5）使用完调酒器具和设备后要马上清洗，变干后的残留物很难清理干净。清洗完毕，将用过的酒水及调酒器具放回原处。

七、鸡尾酒调制规范及技巧

1. 取酒的规范和技巧

（1）传瓶：把酒瓶从操作台上取至手中的过程，即为传瓶。传瓶通常是从左手传至右手或直接用右手将酒瓶传至手掌部位。具体做法是：用左手拿瓶颈部分传至右手上，用右手握住瓶的中间部位，或直接用右手提住瓶颈部分，然后向上一抛，提住瓶身。传瓶动作要迅速、稳当、连贯。

（2）示瓶：将酒从操作台上取出并把酒瓶的商标展示给宾客。用左手托住瓶底，右手扶住瓶颈，以 45°~60°角倾斜酒瓶，把商标面向宾客。传瓶到示瓶是一个连续流畅的过程。

（3）开瓶：开瓶是英式调酒的重要环节，具体操作时，用右手握住瓶身，左手迅速将瓶盖打开，并用左手拇指和食指夹着瓶盖。

（4）量酒：开瓶后立即用左手的食指、中指及无名指夹起量杯，两臂略微抬起呈环抱状，把量杯置于调酒壶等容器的正上方，端拿平稳，然后用右手将酒斟入量杯至标准分量，收瓶口，随即将量杯中的酒倒入摇酒壶等容器中。放下量酒器，用左手旋上瓶盖或塞上瓶塞，最后将酒瓶归位。

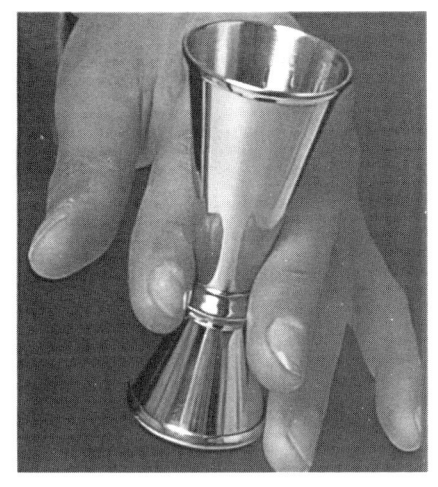 

量酒器的专业拿法　　　　　　　　量酒器的方便拿法

2. 吧匙的使用规范和技巧

在调制鸡尾酒时，常用吧匙调和酒水。使用吧匙时，用右手无名指指背和中指指腹夹住吧匙柄的螺旋纹部分，用拇指和食指捻住吧匙匙柄的上端，拇指和食指不用力，而是用中指指腹和无名指指背让吧匙匙背靠在杯边，在调酒杯中按顺时针方向转动，手指及手腕配合，巧妙地利用冰块运动的惯性，使吧匙连续转动，从而完成调酒工作。操作时，要做到只听见冰块转动的声音，而无吧匙搅动的声音。

吧匙的使用手法

3. 滤冰器的使用规范和技巧

用滤冰器从调酒杯中倒出调制好的鸡尾酒时，要将滤冰器小心平稳地扣在调酒杯的杯口上方，让调酒杯的注流口向左，滤冰器的柄朝向相反方向，用右手食指抵住滤冰器的凸起部分，其他四指紧紧握住调酒杯的杯身，用左手扶住鸡尾酒载杯的底部，将调制好的鸡尾酒缓缓滤入已准备好的载杯中。

八、鸡尾酒调制方法

调制鸡尾酒的基本方法有四种，分别是摇和法、调和法、兑和法、搅和法。这四种方法既可单独使用也可组合使用。但一般情况下，调制一种鸡尾酒时，使用的调制方法不要超过两种。在四种基础调制方法中，又可以细分出调和滤冰法、连冰调和法、直接兑和法、漂浮法等。

1. 摇和法（Shaking）

滤冰器的使用手法

摇和法是把酒水及辅料按鸡尾酒配方规定分量倒进加入冰块的调酒壶中，摇匀后，给酒水过滤冰块，或连冰块一并倒入酒杯中。此种方法适合调制配方中含有鸡蛋、糖、果汁、奶油等较难混合的原料时使用。摇和法又分为单手摇和法及双手摇和法两种。使用小号调酒壶时可以采用单手摇和法，使用大号调酒壶时用双手摇和法则更为妥当一些。摇和法的特点是通过快速、剧烈的摇荡，使酒水能够最充分混合，且不会使冰块过多融化而冲淡酒液。需要注意的是，无论是单手摇和法或者是双手摇和法，在摇和酒水的时候，调酒师一定要保持身体稳定，剧烈摇动的是调酒壶，而不是调酒师的身体，要保持体态美观。当调酒壶的金属表面出现霜状物时，则证明壶内酒水已经充分混合并已经达到均匀冷却的目的。右手持壶，左手将壶盖打开，右手食指下移按压住滤冰器，将酒壶倾斜，把壶内摇和均匀后的酒液通过滤冰器按顺时针方向缓缓旋转滤入载杯之中。

（1）单手摇：右手食指按住调酒壶壶盖，用大拇指、中指、无名指、小拇指等指腹夹住调酒壶壶身两边自然伸开固定壶身，手心不与壶身接触。摇动调酒壶时，手臂伸直，略向后倾，在身体右侧自然上下摆动，手臂与手腕配合协调，用手腕力量左右摇动调酒壶。要求力量大而均匀、速度快而有节奏、动作连贯而协调。

（2）双手摇：右手大拇指按住调酒壶壶盖，其余手指指腹自然伸开固定壶身，左手大拇指按住调酒壶的过滤盖处，无名指及小拇指按住壶底，其他手指自然伸开固定壶身，双手手心不与壶身接触。壶头朝向调酒师，壶底朝外并略向上方。摇动调酒壶时，两臂略抬起，呈伸屈动作，手腕呈三角形靠身体的一侧（身体肩部的左上方或右上方）或斜对胸前，手臂与手腕配合协调，做"活塞式"运动。

单摇法　　　　　　　　　　双摇法

2. 调和法（Stirring）

调和法是调酒师使用吧匙调匀酒水及原料从而制作鸡尾酒的方法。使用调和法时要注意，吧匙的匙头部分应在调酒杯的底部搅动，尽量避免与调酒杯接触，只听见冰块转动的声音。取出吧匙时，匙背应向上，以防带出酒水。调和的时间不宜太长，搅动 10~15 圈，酒液均匀冷却后停止，以防冰块过分融化影响酒的口味。在操作时，动作不宜太大，以防酒液溅出。按照不同鸡尾酒的出品要求，调和法又细分为两种调和滤冰法、连冰调和法。

调和法

（1）调和滤冰法：按所调制鸡尾酒的配方分量往调酒杯中倒入基酒、辅料及冰块，用吧匙搅拌均匀，再用滤冰器过滤冰块，将酒水斟入准备好的载杯中。使用调和滤冰法调制的鸡尾酒一般选用鸡尾酒杯盛装。

（2）连冰调和法：直接将基酒、辅料及冰块在酒杯中搅拌调匀出品。搅拌的目的是在最少稀释的情况下，把各种成分迅速冷却混合。使用此种方法时，一般用柯林斯杯或海波杯盛装。

3. 兑和法（Building）

兑和法是将鸡尾酒配方中的酒水原料按分量倒入酒杯中，不需要搅拌，或做轻微的搅拌即可。该方法又分为直接兑和法及漂浮法两种。

（1）直接兑和法：将鸡尾酒配方中的酒水按分量直接倒入杯里不需要搅拌而直接出品，常用于较容易混合的原料，例如烈性酒与软饮料混合等。但出于个别鸡尾酒的设计需要，以便产生颜色渐变的效果，使饮品的口感更具有层次感、色彩更绚丽，偶尔也会用一些不容易混合的原料，如各类糖浆、利口酒等。

（2）漂浮法：根据酒水之间的比重差，借助吧匙将酒水缓缓注入酒杯中，酒水之间不混合，形成颜色、层次分明的效果。使用漂浮法调酒的关键在于，调酒师必须熟练掌握各种酒水的含糖量（比重大小）。具体操作时，要将吧匙倾斜放入杯中，匙背朝上，匙尖轻微接触酒杯内壁，将酒水轻轻倒在匙背上，使酒水沿匙背顺着杯壁缓缓流入载杯中。调制时必须心平气和，手不能颤动，以免因酒液流速变化冲击下层酒液，使酒液色层浑浊。

兑和法

4. 搅拌法（Blending）

搅拌法，是指使用电动搅拌机进行酒水混合，多在混合鸡尾酒配方中含有水果（如香蕉、草莓、菠萝、杧果、奇异果等）成分的原料时使用，或碎冰时使用。它是通过高速马达的快速转动，带动搅拌机的刀片将原料充分搅碎，达到混合的目的。多用于调制以水果、雪糕等固态原料调味的鸡尾酒，或用于调制冰沙等效果的饮品，它能极大地提高调制工作效率和调酒的出品量。

听力·调酒方法

依据鸡尾酒配方要求，使用搅拌法时需要对水果等辅料进行预处理，去皮，切成丁、片、块等易于搅拌的形状，然后再将其放入搅拌杯中，与碎冰一起依次放入搅拌杯中。所有原料投放完毕后，盖好搅拌机的盖子，开动电源混合搅拌。用此法调酒时，搅拌时间不宜过长，一般控制在 10 秒以内。搅拌结束后，将搅拌杯从机座上取下，将混合好的酒液倒入相应的载杯中。

知识链接

世界经典鸡尾酒

干马提尼（Dry Martini）
口感干爽
诞生地：美国加利福尼亚

椰林飘香（Pina Colada）
既有椰子的醇厚，又有水果的清新，仿佛置身于热带岛屿中
诞生地：美国迈阿密

鸡尾酒调制
椰林飘香

金菲士（Gin Fizz）
口味清爽，口感刺激
诞生地：美国

曼哈顿（Manhattan）
口感强烈而直接，被称为"鸡尾酒王后"
诞生地：美国曼哈顿

新加坡司令（Singapore Sling）

口感酸甜，外加碳酸气体的跳动和果味的酒香，回味无穷

诞生地：新加坡莱佛士酒店

鸡尾酒调制
新加坡司令

亚历山大（Alexander）

口感香甜略带辛辣，并有浓郁的可可香味，特别适合女性客人饮用

诞生地：英国

特吉拉日出（Tequila Sunrise）

混合了多种新鲜果汁，果香味十足，加上龙舌兰酒特有的热烈火辣，使人回味无穷

诞生地：墨西哥

鸡尾酒调制
特吉拉日出

玛格丽特（Margarita）

口感浓郁，带有清新的果香和龙舌兰酒的特殊香味，入口酸甜，十分清爽

诞生地：墨西哥

神秘的无酒精鸡尾酒

无酒精鸡尾酒并非都是没有酒精的，它有着狭义和广义两种解释。广义的无酒精鸡尾酒指的是酒精含量不高于5%甚至3%的混合饮品，其中的酒精可以把它理解为一种调料，为的是调剂和烘托成品口感。狭义的无酒精鸡尾酒则是一点酒精都没有，从本质上说，它只是托了鸡尾酒的形，叫它们混合果汁也许更恰当。如果滴酒不沾的话，在饮用前，一定要问清楚才好。

水果宾治 Fruit Punch

说起无酒精鸡尾酒，必须说到水果宾治，它不仅是无酒精鸡尾酒的鼻祖，甚至还是所有鸡尾酒的开端。橙汁的酸、菠萝汁的甜，再加上石榴糖浆的着色，一杯层次感很强的宾治类鸡尾酒就是这么简单。如果不是非常排斥酒精的话，可以根据自己的喜好添加微量的酒精饮品，让口味更加丰富。

蓝色天空 Blue Sky

清澈的蓝色无比纯粹，让人联想到由海浪、天空、阳光组成的美好假期。蓝色也体现了冷静和理性、包容与宽广，让饮品在商务环境中也能增加几分沉稳的气息。更重要的是，它不含酒精，不会让人缜密的思路受到丝毫干扰。在

雪碧中兑进适量的蓝色糖浆即可，如果不想过于甜腻，加上几片黄瓜，就可以用那份清爽给这款饮品增加一些安静的味道。

九、鸡尾酒的装饰

鸡尾酒装饰1
橙皮

鸡尾酒装饰2
柠檬、薄荷、樱桃

鸡尾酒装饰3
橙皮

鸡尾酒装饰4
迷迭香、橙皮

鸡尾酒装饰5
柠檬、草莓、薄荷

1. 鸡尾酒装饰的基本规律

在鸡尾酒装饰过程中，调酒师习惯把那些酒液浑浊的鸡尾酒的装饰物挂在杯边或杯外，而将那些酒液透明的鸡尾酒的装饰物放在杯中。无论采用哪种装饰方法，一定要做到简单、整洁、卫生、适度。

（1）装饰物的选择应与鸡尾酒使用的酒品原料相协调，即装饰物的味道、香气与酒品原有的味道、香气相吻合，以便更好地突出鸡尾酒的特色。如制作鸡尾酒时若以柠檬汁为主要辅料，则宜选用柠檬片、柠檬角、柠檬皮等来装饰。

（2）装饰物本身就是鸡尾酒主要成分的，它的选取主要决定于鸡尾酒配方，比如使用肉桂、豆蔻粉等材料进行装饰的鸡尾酒，装饰物本身就是配方中的一部分，它们不仅起到装饰的作用，还会影响鸡尾酒的整体口味及风格。对于新创造的酒品，则应根据饮用对象的口味选取装饰物。

（3）按照传统习惯，搭配固定装饰物，这在传统标准鸡尾酒配方中最为常见。例如，马天尼一般都以橄榄或柠檬来做装饰，甜曼哈顿通常以樱桃装饰，干曼哈顿则用橄榄装饰等。

（4）色泽搭配要表达情意，选取的装饰物在颜色上应与鸡尾酒本身的颜色相协调，要能突出酒品的特色。

（5）装饰物要能突出鸡尾酒的创作主题，能表达鸡尾酒的内涵。如特吉拉日出这款酒，装饰在杯口上的红樱桃，能让人联想到天边那轮冉冉升起的红日。

鸡尾酒装饰6
菠萝、小番茄

鸡尾酒装饰7
橙子

鸡尾酒装饰8
苹果

鸡尾酒装饰9
橙皮

鸡尾酒装饰10
阳桃、迷迭香

（6）装饰物造型与载杯杯形要协调统一。用平底直身杯或高大矮脚杯作为载杯的，常用吸管、调酒棒，或大型的果片、果皮，或复杂花形与樱桃等小型果实组合式装饰。用古典杯盛载鸡尾酒时，通常将果皮、果实或蔬菜装饰物直接投入酒中，有时也加放短吸管或调酒棒等来辅助装饰。鸡尾酒杯、香槟杯等高脚小型杯，则适合在杯边装饰樱桃、草莓、柠檬片，或用鸡尾签将这些装饰物穿起来悬于杯上，或采用挂霜的方法装饰。

（7）注意尊重传统，切忌画蛇添足。装饰很重要，但并不是每款鸡尾酒都必须搭配装饰物，以下两种情况就不需要装饰：第一，表面有浓乳的酒品，那飘若浮云的白色浓乳本身就是最好的装饰，除了按配方撒些豆蔻粉之类的调味品外，一般不需要任何装饰。第二，色彩艳丽的彩虹分层酒，其酒色已经充分体现了美感，如果再进行装饰，未免会喧宾夺主、适得其反。

鸡尾酒装饰11　鸡尾酒装饰12　鸡尾酒装饰13　鸡尾酒装饰14　鸡尾酒装饰15
柠檬　　　　　橘皮　　　　　橙皮、葡萄　　牛蛇果、樱桃　草莓

2. 鸡尾酒常见装饰物的制作方法

不同色彩的水果，可用来装饰不同种类的鸡尾酒，但在酒吧忙碌的营业时段，调酒师没有时间来准备装饰物，因而需要提前制作好它们，但一个原则就是适量，不要准备太多，用不完的水果装饰物是不能过夜的。

（1）橙子、柠檬及青柠檬圆片：先去两头，然后依次切出圆形的片（约0.5厘米厚），用刀口在圆片上横着轻轻划上一刀，便于其挂在杯边。

（2）柠檬角：先去两头，再切成四等份；以刀口线为准继续均分；用刀口在柠檬角中间横着轻轻划上一刀，使其易于挂在杯边。

（3）菠萝块（角）：选择成熟的菠萝，把顶端绿叶切掉；横放菠萝，将头尾一小截切掉；依次切成两等份、四等份；直立或横着菠萝，将菠萝心切掉；沿平面依次切成三角扇形，在切好的小扇形片上轻轻划上一刀，使其易于插在酒杯上。若以牙签将樱桃与菠萝穿在一起，即成为菠萝旗。

（4）芹菜秆：首先切掉芹菜根部带泥土的部分；根据载杯的高度，切除长出来的芹菜秆；将粗大的芹菜秆再切为两段或三段，保留叶子；将处理好的芹菜秆浸泡于冰水中以免变色、发黄或萎缩。

（5）酒签：用牙签穿上红樱桃和橙子圆片；也可穿上红樱桃和三角形柠檬；或穿上三粒橄榄或两粒珍珠洋葱。

十、酒吧水果盘的制作

1. 酒吧水果盘制作1——日出东方

（1）给手部清洁消毒，将制作果盘的用料清洗干净。

（2）准备一个干净的圆碟。

（3）将哈密瓜改刀成三角形后，用水果刀将瓜皮雕刻成小草造型。

（4）将西瓜去皮，改刀成两个三角形。

（5）将橙子去皮，切成两个半圆形。

（6）把草莓切去根部。

（7）将以上食材按自己喜欢的造型立放于圆形水果盘中。

（8）用摆盘花草点缀。

（9）最后将杨桃切片，摆放于适当位置处。

（10）要求色彩搭配得当，造型错落有致、有层次感。

酒吧水果盘制作1
日出东方

2. 酒吧水果盘制作2——峰峦叠嶂

（1）给手部清洁消毒，将制作果盘的用料清洗干净。

（2）准备一个干净的圆碟。

（3）将哈密瓜去皮，改刀成两个三角形。

（4）将西瓜去皮，改刀成三角形。

（5）将火龙果去皮，切成两个扇形。

（6）把草莓和葡萄各一个切去根部。

（7）把猕猴桃切下一片，用圆形模具压出造型。

酒吧水果盘制作2
峰峦叠嶂

（8）将以上食材按自己喜欢的造型立放于圆形水果盘中。

（9）用摆盘花草点缀。

（10）最后将杨桃切片，摆放于适当位置处。

（11）要求色彩搭配得当，造型错落有致、有层次感。

3. 酒吧水果盘制作 3——同舟共济

（1）给手部清洁消毒，将制作果盘的用料清洗干净。

（2）准备一个干净的方形果盘。

（3）将火龙果切片，用大号圆形模具压出形状，再用小号圆形模具将中间果肉取出，摆放于果盘中央。

（4）将哈密瓜去皮，切成长方形，摆放于火龙果上面。

（5）将西瓜去皮，改刀成三角形，立放于哈密瓜左侧。

（6）将橙子去皮，切成两个扇形，立放于西瓜旁边。

（7）把草莓切去根部，连同余下的火龙果一起点缀在哈密瓜适当位置处。

酒吧水果盘制作 3
同舟共济

（8）最后用摆盘花草点缀。

（9）要求色彩搭配得当，造型错落有致、有层次感。

4. 酒吧水果盘制作 4——赤峰独秀

（1）给手部清洁消毒，将制作果盘的用料清洗干净。

（2）准备一个玻璃小碗。

（3）将西瓜去皮，改刀成三角形。

（4）将猕猴桃用圆形模具压出造型。

（5）将火龙果去皮，切块。

（6）把草莓切去根部。

（7）将杨桃切片。

（8）将以上食材按自己喜欢的造型立放于玻璃小碗中。

（9）最后用薄荷叶点缀。

（10）要求色彩搭配得当，造型错落有致、有层次感。

酒吧水果盘制作 4
赤峰独秀

5. 酒吧水果盘制作 5——全家福

（1）给手部清洁消毒，将制作果盘的用料清洗干净。

（2）准备一个白色圆盘。

（3）切下一牙西瓜，在 1/3 处切一刀，变成一头尖的船帆形。

（4）去掉尖头一侧的瓜瓤，只保留一小牙。

（5）将瓜皮上的瓜瓤片干净。

（6）将瓜皮一分为二，但要注意避开那一小牙瓜瓤。

（7）在两块瓜皮上依次切出羽毛状的连刀线，注意不要切断根部。

（8）将瓜皮弯曲，用牙签固定在瓜瓤一侧，并用小番茄装饰。

（9）取一截黄瓜，立握于左手中，用雕刻刀在瓜体中部刻一圈锯齿形，刻透，取下成两个花坯。将花坯上的黄瓜皮自顶部片下一小截，注意不要切断，制作出需要数量的黄瓜花。

（10）将橙子切成八瓣，剥下一段连肉的皮，用雕刻刀自外向内划一刀，注意不要将皮切断。将处理好的皮向内弯曲，制作成规定的造型。

（11）取一牙哈密瓜，去瓤、去皮，切块。

（12）取火龙果和西瓜，分别切块。

（13）依次将加工好的西瓜块、黄瓜花、哈密瓜块和火龙果块摆放在圆盘中，最后将加工好的橙子摆放在圆盘空白处。

（14）最后用小番茄和摆盘花草收尾。

（15）要求色彩搭配得当，错落有致。

酒吧水果盘制作5
全家福

牛刀小试

让鸡尾酒散发国风的诗意与浪漫

十八大以来，习近平总书记在多个场合谈到中国传统文化，表达了自己对传统文化、传统思想价值体系的认同与尊崇。

2022年北京冬奥会开幕式上诗意中国的一幕幕，是黄河的奔涌，是炎黄子孙在四季更迭中一次次创造的奇迹。还有风靡了整个冬奥赛场的冰墩墩，浓浓的东方元素惊艳了全世界。我们用中国式的浪漫，让世界感受着东方魅力，让世界读懂中国人的情怀。

当下，国潮成为一种新的流行符号，作为旅游行业的从业者，更应该具备向世界宣传中国文化的意识。同学们，你们是否可以结合学到的鸡尾酒装饰物知识，充分发挥自己的想象力，尽可能多地把中国元素运用到鸡尾酒的装饰中来，让鸡尾酒也散发出国风的诗意和浪漫。让我们一起期待更多优秀的中国风鸡尾酒装饰物作品诞生！

模块 10　自创鸡尾酒

❖ 工作任务

- 了解鸡尾酒创作的基本要素。
- 掌握鸡尾酒创作的方法与途径。
- 能运用饮品创作知识,能独立创作饮品。

❖ 引导问题

- 鸡尾酒创作的目的和原则是什么?
- 鸡尾酒创意是如何形成的?
- 如果尝试创作一款鸡尾酒,你会如何进行?

一、鸡尾酒创作的目的和原则

调酒师在创作设计鸡尾酒时,通常有两个目的:一是自我感情的表达,二是增加酒吧的特色产品,促进消费,给客人带来新鲜感。

创作鸡尾酒时,需要遵循一定的原则:首先,不违背鸡尾酒的调制规律;其次,能够体现正面的精神力量,体现调酒师的价值;第三,创新的鸡尾酒应该以客人能否接受为最重要的标准;第四,注重味道搭配;第五,制作过程不宜太过复杂,应该便于操作,原料容易获取,成本合理,适宜推广,具有一定的商业价值。

二、鸡尾酒创意

有创意是自创鸡尾酒的思想内涵和灵魂。酒吧在每一季度或每月都会推出一些新的饮品,创作新饮品最忌讳的就是随波逐流,抄袭模仿。富有创新精神的优秀调酒师,其思想总能领先于市场,构思出的新品总有独特之处,真正做到人无我有,人有我优。

三、鸡尾酒创作的方法与途径

在设计新款鸡尾酒时，酒的种类再繁多，载杯的款式再翻新，装饰物再层出不穷，但其可用的材料终究是有限的，而一旦将其通过调酒师的设计，在创作的过程中重新分类组合，设计出各种作品时，鸡尾酒的种类便又是无限的了。在创作鸡尾酒时，主要从材料、成品形态、盛载容器、调制方法等几方面着手。

（1）确定材料：创新鸡尾酒最重要的一点，就是要对所有酒水及材料了如指掌。每一种酒是什么味道，有什么样的特点，什么酒和材料混合在一起更适合，什么口味和什么口味在一起不好喝，每一种材料的用量是多少，什么颜色和什么颜色在一起能够变成什么颜色，什么饮料混合在一起会有化学反应（比如牛奶和柠檬汁混合在一起就会起化学反应，出现絮状物质，影响观感），以上这些都是调酒师需要了解和考虑的。

（2）设定成品形态：成品形态是指饮品形成后的状态，包括液态、固态或冰沙状等。

（3）设定盛载容器：选择鸡尾酒载杯不仅要考虑酒品的分量，还要考虑整体出品效果及与装饰物的搭配。一些时尚鸡尾酒的创新往往就集中体现在饮品的盛载容器上，这使鸡尾酒具有很高的艺术魅力。

（4）确定调制方法：鸡尾酒的调制方法也是近年来创新鸡尾酒的途径之一。调酒可分为英式传统调酒和美式花式调酒两种。有的调酒师选取花式调酒中的一些操作手法，将其运用到英式调酒中，以丰富调酒的过程，使鸡尾酒带有更时尚的元素。

知识链接

自创鸡尾酒欣赏

海洋 The Ocean of Ginkgo Biloba

基酒：2/3oz 桂林三花酒

辅料：2oz 百香果汁，2/3oz 杏仁利口酒

载杯：异形杯

调法：摇和法，兑和法

装饰：银杏叶

创意说明：在大家的印象里，海洋的颜色都是梦幻般的蓝色，而这款酒却

是黄色的，为什么呢？因为它诠释的是银杏之乡的深秋之美。每到深秋季节，落叶缤纷，金黄的世界里，述说着童话般的梦想，那便是深秋的海洋秋语。

这款酒的基酒是蕴含着浓厚桂林风味的三花酒，掺入百香果汁调出银杏叶的黄色，最后加入少量杏仁利口酒，平添了几分杏仁的味道。三种原料混合在一起，完美诠释了银杏海洋独一无二的美。

中隐路 2 号 Grand Bravo Guilin

基酒：2/3oz 桂林三花酒，2/3oz 金酒

辅料：2½oz 冰桂花酒，2/3oz 糖浆，苏打水适量

载杯：水晶笛形香槟杯

调法：摇和法

创意说明：群山环绕、清幽静谧的中隐路 2 号，是一座中式古朴与欧式奢华完美结合的五星级饭店。在这里可推窗远眺西峰夕照，漫步近观桃花江畔。

桂林特产三花酒与来自英国的干金酒，正是中西合璧的体现。冰桂花酒透出的丹桂香气及色泽，正如那金碧辉煌的酒店大堂，送酒入喉的那一丝甜蜜，化成了对那最美风景的回忆。

🍃 牛刀小试

鸡尾酒里的中国味道

在第二届中国白酒鸡尾酒大赛暨 2019 年世界杯国际调酒锦标赛中国选拔赛总决赛上，调酒师们尽情展示出高超的专业技艺，探寻着白酒加鸡尾酒的经典配方。"平湖秋月""栖霞如梦""半醉潇湘""忆长安""凤还巢"……这一款款充满中式诗情画意和美好寓意的鸡尾酒，是调酒师们精心设计和打造的艺术品，它们与白酒的文化内涵相得益彰，充分展现了白酒和鸡尾酒的精神内核和文化价值。在调酒师的雕琢下，作为舶来品的鸡尾酒，不再只是威士忌、朗姆、龙舌兰、伏特加、白兰地的舞台，白酒这个在全世界创造了最大价值的古老烈酒品类正以新的面貌走上鸡尾酒的舞台。

同学们试试看，在中国白酒的加持下，自己能否创作出更蕴含有中国元素的鸡尾酒，让白酒与鸡尾酒的"牵手"更接地气，更容易被消费者接受，市场推广也更加顺畅，让更多的人享受鸡尾酒里的"中国味道"。

实训练习

分组创作一款鸡尾酒并完成创作方案。

作品名称	中文		英文	
作品简介				
主题选择 （设计思路）				
主题体现 （基本结构设计）		材料名称	用量/oz	选择理由
	1			
	2			
	3			
	4			
	5			
	6			
载杯及装饰物			调制方法	
调制步骤				

思政园地

服务业中的劳模

张秉贵，男，汉族，1918年12月出生，中共党员，北京人，北京市百货大楼售货员（已故）。他是20世纪50年代至80年代我国商业系统最著名的全国劳动模范，刻苦练就售货"一抓准"和算账"一口清"的绝活，发明"接一问二联系三"的工作方法，始终坚持"一团火"的服务精神，没怠慢过任何一位客人，被亲切誉为"燕京第九景"。党和国家多次授予张秉贵崇高的荣誉称号，先后被评为北京市劳动模范、全国群英会代表、特级售货员、全国劳动模范、北京市优秀共产党员等。1988年，北京市百货大楼在大门广场处为其竖立半身铜像，陈云同志亲笔为其题词："一团火"精神光耀神州。2009年，其光荣入选"100位新中国成立以来感动中国人物"。来北京旅游的小伙伴们，凡是到了王府井，就能看到张秉贵的铜像。

项目❺ 酒水出品服务

项目 5 题库

> 晚上 10 点,郭先生约上两位朋友到酒店酒吧喝酒和看球赛。酒吧里基本没有空位了,正值酒吧新任职员工 Frank 第一天上班,面对热闹的酒吧,他心中不免有些紧张。餐厅经理 George 在 Frank 附近观察和帮助他适应环境……
> 【想一想】 Frank 在工作前需要做哪些准备?如果服务中遇见问题一时处理不了,有什么途径可以帮助他?

模块 11　蒸馏酒的出品与服务

◆ 工作任务

Jack 在酒店大堂吧的工作中发现,最近晚上常来就座的一位客人总是喜欢带着一本书, 点一瓶威士忌,小酌 1 杯后便离去。有时候,客人会约朋友一起来,有时一瓶酒会留到第二天再饮。

◆ 引导问题

❖ 为酒店常客提供服务时需要注意哪些问题?
❖ 如果客人需要保留未喝完的蒸馏酒,怎样处理比较妥当?

一、蒸馏酒的种类

蒸馏酒(distilled alcoholic drink),是指以粮谷、薯类、水果、乳类等为主要原料,经发酵、蒸馏、经过或不经勾调而成的饮料酒。

在我国饮料酒标准体系中,白酒自成一体,除白酒之外的其他蒸馏酒,有白兰地、威士忌、伏特加、朗姆酒、金酒、龙舌兰酒等。苏格兰威士忌与独产于中国的贵州省遵义市仁怀市茅台镇的茅台酒，以及法国科涅克白兰地齐名，被称为三大蒸馏名酒。

1. 白酒

《饮料酒术语和分类（GB/T 17204-2021）》指出，所谓白酒（baijiu），是指以粮谷为主要原料，以大曲、小曲、麸曲、酶制剂及酵母等为糖化发酵剂，经蒸煮、糖化、发酵、蒸馏、陈酿、勾调而成的蒸馏酒。

饮料酒产品分类表—蒸馏酒—白酒

一级分类	二级分类	三级分类		四级分类	五级分类
蒸馏酒	白酒	按糖化发酵剂分类	大曲酒		-
			小曲酒		-
			麸曲酒		-
			混合曲酒		-
		按生产工艺分类	固态法白酒		-
			液态法白酒		-
			固液法白酒		-
		按香型分类	浓香型白酒		-
			清香型白酒		-
			米香型白酒		-
			凤香型白酒		-
			豉香型白酒		-
			芝麻香型白酒		-
			特香型白酒		-
			兼香型白酒	浓酱兼香型白酒	-
				其他兼香型白酒	-
			老白干香型白酒		-
			酱香型白酒		-
			董香型白酒		-
			馥郁香型白酒		-
			其他香型白酒		-

白酒是我国传统蒸馏酒，采用独特的多种微生物固态（半固态）发酵、蒸馏等生产工艺，酒质无色（或微黄）透明，气味芳香纯正，入口绵甜爽净，酒精含量较高，经储存老熟后具有以酯类为主体的复合香味。

1979年召开的全国第三届评酒会提出了浓香型白酒（泸型白酒）、清香型白酒（汾型白酒）、酱香型白酒（茅型白酒）等定义，并确立了以香型划分中国白酒的依据和原则。

我国传统白酒以十二大香型为代表。在我国长江上游和赤水河流域的贵州仁怀、四川宜宾、四川泸州三角地带有着全球规模最大、质量最优的蒸馏酒产地。中国白酒有四大名酒，它们是在1952年第一次全国评酒会上评选出的四个国家级名酒，分别为贵州茅台酒、山西汾酒、四川泸州曲酒和陕西西凤酒。四大名酒的地位与社会影响力经久不衰，在某种程度上可以说得益于其深厚的历史渊源，以及当年国家领导人的亲切关怀。

（1）贵州茅台酒：被称为中国的"国酒"，在国内外享有盛名。素以酱香突出、酒体醇厚、清亮透明、回味悠长、纯正舒适、口感协调丰满、香而不艳、空杯留香、饮后不上头等特点而名闻天下。它以优质高粱为料，上等小麦制曲，每年重阳之际投料，利用茅台镇特有的气候、优良的水质和适宜的土壤，采用与众不同的高温制曲、堆积、蒸馏、轻水分入池等工艺，再经过两次投料、九次蒸馏、八次发酵、七次取酒、长期陈酿而成。酒精度多在52%～54%vol之间，是中国酱香型白酒的典范。

（2）山西汾酒：汉族传统名酒，属于清香型白酒的典型代表。因产于山西省汾阳市杏花村，又称"杏花村酒"。其工艺精湛，素以入口绵、落口甜、饮后余香、回味悠长而著称。杜牧的"借问酒家何处有，牧童遥指杏花村"的古诗，则为汾酒增添了几分诗意。

（3）四川泸州老窖：中国最古老的四大名酒之一，为"浓香鼻祖，酒中泰斗"。"窖龄老、酒才好"，历代酿酒大师就像保护自己的孩子一样养护着泸州老窖窖池。窖池持续酿酒时间越长，窖泥中繁衍的有益微生物越多，产生的香味物质就越丰富，酒体风格也就越明显。

（4）陕西西凤酒：古称秦酒、柳林酒，是产于凤酒之乡的陕西省宝鸡市凤翔县柳林镇的汉族传统名酒，为中国四大名酒之一。其酿酒史始于殷商，盛于唐宋，已有三千多年的历史，有苏轼咏酒等诸多典故。西凤酒清而不淡，浓而不艳，集清香、浓香于一体，酸、甜、苦、辣、香五味俱全而各不出头。

2.其他蒸馏酒

饮料酒产品分类表—其他蒸馏酒

一级分类	二级分类	三级分类		四级分类	五级分类
蒸馏酒	白兰地	按原料分类	葡萄白兰地	葡萄原汁白兰地	-
				葡萄皮渣白兰地	-
			水果白兰地	-	-
		按生产工艺分类	白兰地	-	-
			调配白兰地	-	-
			风味白兰地	-	-
	威士忌	按原料分类	麦芽威士忌	-	-
			谷物威士忌	-	-
		按生产工艺分类	威士忌	-	-
			调配威士忌	-	-
			风味威士忌	-	-
	伏特加/俄得克	按生产工艺分类	伏特加	-	-
			风味伏特加	-	-
	朗姆酒	按生产工艺分类	朗姆酒	-	-
			风味朗姆酒	-	-
			其他香型白酒	-	-
	金酒杜松子酒	-	-	-	-
	龙舌兰酒	-	-	-	-
	奶酒（蒸馏型）	-	-	-	-
	水果蒸馏酒	-	-	-	-
	其他蒸馏酒	-	-	-	-

（1）白兰地（brandy）：以水果或果汁（浆）为原料，经发酵、蒸馏、陈酿、调配而成的蒸馏酒。以葡萄为原料的蒸馏酒叫葡萄白兰地，常讲的白兰地，都是指葡萄白兰地。以其他水果原料酿成白兰地，应加上水果的名称，如苹果白兰地、樱桃白兰地等。著名品牌有马爹利（Martell）、轩尼诗（Hennesy）和人头马（Remy Martin）。

（2）威士忌（whisky）：以谷物为原料，经糖化、发酵、蒸馏、陈酿、经过或不经调配而成的蒸馏酒。最著名也最具代表性的威士忌分类方法是依照生产地和国家的不同，分为苏格兰威士忌酒、爱尔兰威士忌酒、美国威士忌酒和加拿大威士忌酒四大类，其中尤以苏格兰威士忌酒最为著名。

（3）伏特加/俄得克（vodka）：以谷物、薯类、糖蜜及其他可食用农作物等为原料，经发酵、蒸馏制成食用酒精，再经过特殊工艺精制加工而成的蒸馏酒。它是由水和经蒸馏净化的乙醇所合成的透明液体，通常会经多重蒸馏从而达到更醇厚更美味的效果。在蒸馏过程中除水和乙醇外，亦会加入马铃薯、菜糖浆及黑麦或小麦，如果是制作有味道的伏特加，会加入适量的调味料。著名品牌如绝对伏特加（Absolut vodka）、斯米诺夫伏特加（Smirnoff vodka）等。

（4）朗姆酒（rum）：以甘蔗汁、甘蔗糖蜜、甘蔗糖浆或其他甘蔗加工产物为原料，生产过程中不添加食用酒精，经发酵、蒸馏、陈酿、调配而成的蒸馏酒。其原产地在古巴，口感甜润、芬芳馥郁。著名品牌如百加地（Bacardi）、摩根船长（Captain Morgan）等。

（5）金酒（distilled gin）/杜松子酒（juniper-flavored spirit drinks）：以粮谷等为原料，经糖化、发酵、蒸馏所得的基酒，用包括杜松子在内的植物香源再次蒸馏制成的蒸馏酒。最初制造这种酒是为了帮助在东印度活动的荷兰商人、海员和移民预防热带疟疾，作为利尿、清热的药剂使用，不久人们发现，这种利尿剂香气和谐、口味协调、醇和温雅、酒体洁净，因而很快被作为正式的酒精饮料饮用。金酒可单独饮用，也可用于调配鸡尾酒，并且是调配鸡尾酒中唯一不可缺少的酒种。 著名品牌如植物学家金酒（The Botanist）、 添加利金酒（Tanqueray）、哥顿金酒（Gordon's）等。

（6）龙舌兰酒（agave spirit）：以龙舌兰为原料，经发酵、蒸馏、陈酿、调配而成的蒸馏酒。龙舌兰酒是墨西哥的国酒，它将成熟后的龙舌兰送至酒厂，割成两半后泡洗 24 小时，然后榨出汁来，汁水加糖送入发酵柜中发酵，然后经两次蒸馏，酒精纯度达 104~106proof，此时的酒香气突出，口味浓烈。然后将发酵过的酒放入橡木桶陈酿，陈酿时间不同，颜色和口味差异很大。用最优质的蓝色龙舌兰酿制出来的龙舌兰酒就是特吉拉（Tequila）。

二、蒸馏酒的出品与服务

蒸馏酒除了作为鸡尾酒的基酒使用之外，也可作为单饮类的酒品提供给客人，在销售时用量一般不大，通常以单杯的形式进行售卖，这就对酒水损耗控制提出了很高的要求。酒吧经营者必须确定每瓶酒的销售份额，然后统计出某一段时间的总销售数，折合成整瓶数进行计算。每一瓶酒由于容量不同，所能销售的份数也不一样。此外，每一家酒店零售酒水的标准分量也有所区别。

1. 了解"一标准杯"

高度数的蒸馏酒常见的销售方式是单杯销售，因为酒品类型不同、饮用习惯不同、酒店管理要求不同，对一个标准杯的量化标准也有较大差异。"一标准杯"是一个比较抽象的概念，与杯子的容量大小完全没有关系。

不同国家对"一标准杯"的定义有所不同：

（1）英国：一标准杯是指一杯含有10毫升（7.9克）酒精的饮料。

（2）澳大利亚：一标准杯是指一杯含有12.7毫升（10克）酒精的饮料。

（3）日本：一标准杯是指一杯含有25毫升（19.75克）酒精的饮料。

（4）美国：一标准杯是指一杯含有0.6盎司（18毫升）酒精的饮料（这里的"盎司"是指美制液体盎司，1美制液体盎司约等于30毫升）。

不同饮料，由于酒精度不同，"一标准杯"所指的分量也有所不同。下面以美国为例，说明对不同的酒精饮料而言，"一标准杯"到底是指多少量的酒。

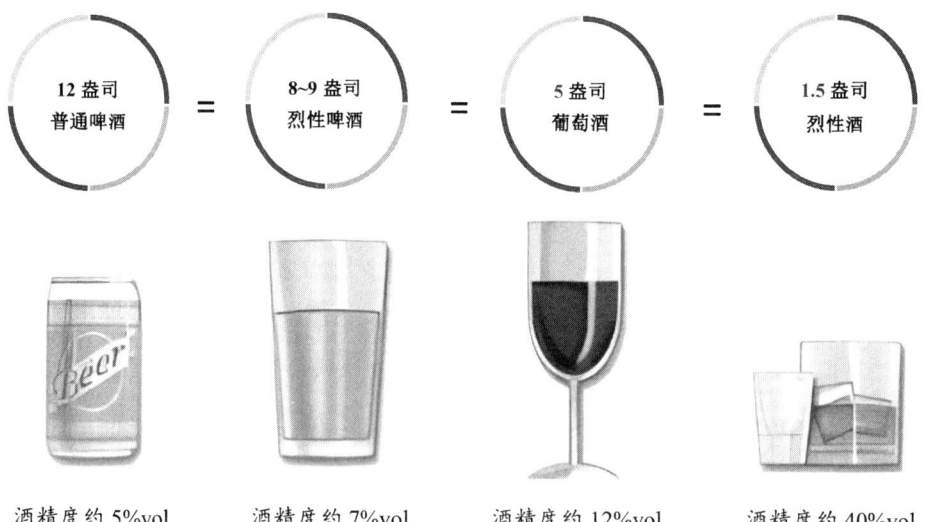

（1）酒精度为5%vol的普通啤酒，一标准杯是指12盎司。

（2）酒精度为7%vol的烈性啤酒，一标准杯是指8~9盎司。

（3）酒精度为12%vol的葡萄酒，一标准杯是指5盎司。

（4）酒精度为40%vol的烈酒（威士忌、金酒、朗姆酒、伏特加、特吉拉酒、白兰地等），一标准杯是指1.5盎司。

2. 准备酒杯和用具

（1）准备饮用白兰地用的白兰地杯：白兰地杯为杯口小、腹部大的矮脚酒杯。这种造型能较好地留存白兰地的酒香。白兰地杯实际容量虽然很大（240～300毫升），但提供服务时倒入的酒量不宜过多，约30毫升左右，以杯子横放、酒在杯腹中不溢出为宜。

（2）准备饮用威士忌用的古典杯：古典杯是英国人饮用威士忌酒时的杯子，所以有人形象地称古典杯为威士忌杯。这种杯子杯身直阔，方便加入冰块，又称岩石杯（Rock Glass）、老式酒杯（Old Fashioned Glass）、不倒翁杯（Tumbler glass），大部分烈酒纯饮时适合选用古典杯。

（3）准备一口干杯：洋酒的"一口干"叫做一个"shot"，用来这么喝的杯子就叫shot glass（也有叫shooter glass）。shot是一种50毫升的小杯，一般都是一口一杯，通常用来盛放特吉拉和威士忌等烈酒。盛放特吉拉的shot glass比普通shot glass更细长一些，最多两个盎司的容量。

（4）准备饮用中国白酒用的高脚杯：中国酒器以形象优美、装饰众多而著称。古代酒器以瓷器、青铜器和漆器闻名。现代通常选用高脚款玻璃白酒杯，这种杯子能够收拢白酒香气，杯子材料好，便于透光，方便品鉴时观察酒色，能够让品饮者更容易判断白酒的色、香、味、格四大指标。

白兰地杯　　　　古典杯　　　　一口干杯　　　　高脚白酒杯

（5）根据点单，准备好托盘、酒刀、干净的餐巾等用品。

3. 了解客人饮用方式

（1）Straight Up：纯饮。

（2）Frappe：将酒倒入盛满碎冰的杯内。

（3）Half & Half：一半纯净水、一半酒。

（4）On the Rock：以古典杯盛酒，杯内事先加有大方冰四五块。

(5) Tie me up：再来一杯；点同样的酒，喝完了酒再斟一杯。

(6) 有些客人还常将两种以上的酒勾兑着喝，或加果汁、苏打水等。

4．酒水出品

根据客人要求的饮用方式提供酒水出品服务，并按一杯的标准量将酒水斟倒好。出品时要注意客人到来的先后顺序，先为早到的客人出品酒水。同来的客人要先为女士、老人和小孩配制饮料。任何酒水的出品时间都不能太长，以免让客人久等。

一般来说，果汁、汽水、矿泉水、啤酒应在1分钟内完成；混合饮料可用1~2分钟完成。五六个客人同时点酒水的，也不必慌张忙乱，可先一一答应下来，再按次序制作。一定要先答应客人，不能不理睬客人只顾自己做。

白兰地出品服务

5．酒品服务

如果客人就座于吧台，酒水出品后调酒师直接提供对客服务。服务程序大致如下：将杯垫摆放在客人面前，再将制作好的酒水轻放至杯垫上，报上酒品名称并请客人慢用。

如果客人就座于休闲区域，则由服务员提供对客服务，具体操作时要用托盘将酒品托送至客人桌边，从客人右后侧将杯垫摆放在客人右手边两三点钟的位置（客人右侧如有障碍物则可从左侧服务），然后把酒杯轻放在杯垫上。视客人需要摆放装有冰块的冰桶或纯净水。

无论是调酒师还是服务员，在服务间隙要注意观察客人举动，及时提供续杯服务；酒吧台面若有酒水残迹，要即看即擦……让客人在不知不觉中获得各项服务。总而言之，优质的服务在于留心观察加上必要而及时的行动。

6．威士忌服务流程

（1）确定客人的饮用方式：在各类烈酒的销售出品中，威士忌酒适宜常温纯饮、加冰块或矿泉水饮用。

①纯饮：高年份的威士忌宜纯饮，方能享受其细腻与香醇。不向威士忌中加入任何东西，而是在室温下直接饮用，这就是所谓的"纯饮"。纯饮品尝到的威士忌的风味是最浓郁，也是最能体现威士忌特色的。

②加冰：此种饮法虽不能全面展现威士忌原有的风味和特色，但它既可稀释酒精，又能因降温而锁住部分酒香。

③加水：在威士忌中加入适量的水，不会让其失去原味，相反，会使酒精味变淡，并可以引出威士忌潜藏的香气。一般而言，12年威士忌，酒和水的比例1∶1最为合适；低于12年的，水量要增加；高于12年的，水量要减少；如果是高于25年的威士忌，建议只加一点水，或是根本不加水。

（2）展示酒水：用托盘将酒水、分酒器和古典杯（带杯垫）端送至客人桌上，摆放好，为加水饮用的客人加一只水杯；为加冰饮用的客人准备好盛有九分满冰块的冰桶，配好冰夹。左手托住瓶底，右手扶住瓶颈向客人示酒，请客人确认所点酒水的品牌、级数，并说："您好，先生/女士，这是您点的××酒，请您过目。"客人表示认可后，征询客人意见并开瓶："先生/女士，现在可以开瓶了吗？请问您希望如何饮用，是纯饮、加冰还是加水？"

（3）开瓶及服务：去除瓶盖上的封印；打开瓶盖；上杯垫，摆放好酒杯并斟酒。

①纯饮：将酒倒入分酒器2/3处，按一标准杯的量斟倒给客人，送至客人右手边，询问客人是否还有其他服务需求。

②加冰：先在古典杯中放入1/3冰块，再按一标准杯的量将酒倒入杯中，斟酒量以不超过冰块量为宜。将酒送至客人右手边："请您慢用"，并询问客人是否还有其他服务需求。

③加水：加水前可询问客人的口味，是浓一些还是淡一些，然后按客人要求斟倒，将杯送至客人右手边。

（4）理台：将台面物品摆放整齐，清理台面杂物。中途服务时注意随时为客人分酒、斟酒。始终保持台面干净、整洁。

威士忌出品服务

7. 特吉拉酒服务流程

（1）展示酒水：用托盘将酒水、古典杯（带杯垫）和一个切好的柠檬角和少许盐放在小碟内，送至客人桌上摆放好。为加冰饮用的客人准备好盛有九分满冰块的冰桶，配好冰夹。左手托住瓶底，右手扶住瓶颈向客人示酒，请客人确认所点酒水的品牌、级数,并说:"您好,先生/女士,这是您点的××酒,请您过目。"客人表示认可后,征询客人意见并开瓶:"先生/女士,现在可以开瓶了吗?请问您希望如何饮用,是纯饮还是加冰?"

(2)开瓶及服务:去除瓶盖上的封印;打开瓶盖;上杯垫,摆放好酒杯并斟酒。

①纯饮:将酒倒入分酒器2/3处,按一标准杯的量斟倒给客人,送至客人右手边,询问客人是否还有其他服务需求。

②加冰:先在客人杯内放入1/3冰块,再按一标准杯的量将酒倒入杯中,再放入一片柠檬,送至客人右手边:"请您慢用",并询问客人是否还有其他服务需求。

(3)理台:将台面物品摆放整齐,清理台面杂物。中途服务时注意随时为客人分酒、斟酒。始终保持台面干净、整洁。

特吉拉出品服务

实训练习

请根据"一标准杯"的容量练习斟倒酒水,并根据成本核算公式测算每瓶酒的实际销售份数和酒水损耗率,以便树立成本控制意识。

销售份额的计算公式如下:

$$销售份额 = \frac{每瓶酒容量 - 溢损量}{每份计量}$$

模块 12　啤酒的出品与服务

工作任务

郭先生约了两位朋友去看球赛，他和其中一位朋友点的是啤酒。

引导问题

- ❖ 常见的啤酒品种有哪些？
- ❖ 如何照顾过量饮酒的客人？

一、啤酒的种类

《饮料酒术语和分类（GB/T 17204-2021）》中，对啤酒有明确定义：啤酒（beer），是指以麦芽、水为主要原料，加啤酒花（包括酒花制品），经酵母发酵酿制而成的、含有二氧化碳并可形成泡沫的发酵酒（包括无醇啤酒）。

饮料酒产品分类表——啤酒

一级分类	二级分类	三级分类		四级分类	五级分类
发酵酒	啤酒	按浊度分	清亮啤酒	-	-
			浑浊啤酒	-	-
		按杀菌工艺分	熟啤酒	-	-
			生啤酒	-	-
		按酵母类型分	上面发酵啤酒/艾尔啤酒	-	-
			下面发酵啤酒/拉格啤酒	-	-
			混合发酵啤酒	-	-
		按色度分	淡色啤酒	-	-
			浓色啤酒	-	-
			黑啤酒	-	-

一级分类	二级分类	三级分类	四级分类	五级分类
发酵酒	啤酒	按产品特性分	特种啤酒	干啤酒	-
			冰啤酒	-
			白啤酒	-
			司陶特（世涛）啤酒	-
			皮尔森（比尔森）啤酒	-
			酸啤酒	-
			黑啤酒	-
			低醇啤酒	-
			无醇啤酒	-
			小麦啤酒	-
			果蔬汁型啤酒	-
			果蔬味型啤酒	-
			工坊啤酒	-
			其他特种啤酒	-

啤酒素有"液体维生素"之称，其行业发展较为成熟，行业集中度高，约占整个酒精饮料市场八成左右的份额，是继水和茶之后世界上消耗量排名第三的饮料，在酒精饮料行业占据着十分重要的地位。

下面根据《饮料酒术语和分类（GB/T 17204-2021）》，以色度、杀菌工艺、产品特性为分类标准，对啤酒类别进行简要介绍。

1. 按色度 EBC 分类

国际上用色度 EBC 来表示啤酒颜色的深浅。《饮料酒术语和分类（GB/T 17204-2021）》以色度将啤酒分为淡色啤酒、浓色啤酒和黑啤酒三大类。

不同色度啤酒

（1）淡色啤酒（light beer）：色度为 2EBC～14EBC 单位，酒液一般为淡黄色至金黄色。

① 透明度：清亮，允许有肉眼可见的微细悬浮物和沉淀物（非外来异物）。

② 泡沫形态：泡沫洁白、细腻，挂杯持久。

③ 香气和口味：酒体协调，柔和，无异香、异味；有明显的酒花香气，口味纯正，爽口。

（2）浓色啤酒（strong beer）：色度为 15EBC～60EBC 单位，酒液一般为棕黄色。

① 透明度：有光泽，允许有肉眼可见的微细悬浮物和沉淀物（非外来异物）。

② 泡沫形态：泡沫细腻，能挂杯。

③ 香气和口味：酒体醇厚、杀口、柔和、无异味；有明显的酒花香气，口味纯正，爽口。

（3）黑啤酒（black beer）：色度大于等于 61EBC 单位，酒液一般为咖啡色或黑褐色，主要选用焦麦芽、黑麦芽为原料，酒花的用量较少，采用长时间的浓糖化工艺酿成。其透明度、泡沫形态、香气和口味与浓色啤酒类似，酒液突出麦芽香味和麦芽焦香味。

2. 按杀菌工艺分类

按杀菌工艺，可将啤酒分为熟啤酒、生啤酒两类。

（1）熟啤酒（pasteurized beer）：是指经过巴氏灭菌或瞬时高温灭菌的啤酒。保存时间较长，可达三个月左右。

（2）生啤酒（non-pasteurized beer）：是指不经巴氏灭菌或瞬时高温灭菌，而采用其他物理方法除菌，达到一定生物稳定性的啤酒。

3. 按原辅材料或生产工艺是否改变分类

由于原辅材料、工艺改变，或使用多种微生物，从而具有特殊风格的啤酒，就是特种啤酒（special beer）。

（1）干啤酒（dry beer）：真正（实际）发酵度不低于 72%，口味干爽的啤酒。

（2）冰啤酒（ice beer）：经冰晶化工艺处理，浊度小于等于 0.8 EBC 的啤酒。除特征性外，其他要求应符合相应类型啤酒的规定。冰晶化（ice crystallization）是将啤酒经过专用的冷冻设备进行超冷冻处理，形成细小冰晶的再加工过程。

（3）白啤酒（white beer）：用小麦芽或小麦作为原料之一，经上面啤酒酵母发酵的具有丁香、酯香等风味的浑浊啤酒。

（4）司陶特（世涛）啤酒（stout beer）：用烘烤麦芽或烘烤大麦作为原料

之一，经上面啤酒酵母发酵的酒精度较高的深色啤酒。酒精度不低于 4.0%vol，苦味值不低于 20 BU，色度在 40 EBC~150 EBC 之间。

（5）皮尔森/比尔森啤酒（pilsner beer）：使用下面啤酒酵母发酵，具有特殊风味的啤酒。酒精度不低于 4.0%vol，苦味值不低于 20BU，色度在 4 EBC~20 EBC 之间。

（6）酸啤酒（sour beer）：通常经乳酸菌发酵或自然发酵等酸化工艺处理的酸感明显的啤酒，其 pH 值不高于 3.8。

（7）低醇啤酒（low-alcohol beer）：酒精度为 0.5%vol~2.5%vol 的啤酒。

（8）无醇啤酒（non-alcohol beer）：酒精度小于等于 0.5%vol，原麦汁浓度大于等于 3.0°P 的啤酒。

（9）小麦啤酒（wheat beer）：以小麦芽或小麦（占麦芽量 30%以上）、水为主要原料酿制，具有小麦麦芽酿造后所产生的特殊香气的啤酒。

（10）果蔬汁型啤酒（fruit and vegetable beer）：添加一定量的果蔬汁，具有其特征性理化指标和风味，并保持啤酒基本口味的啤酒。

（11）果蔬味型啤酒（fruit and vegetable flavor beer）：在保持啤酒基本口味的基础上，添加少量食用香精，具有相应的果蔬风味的啤酒。

（12）工坊啤酒（craft beer）：由小型啤酒生产线生产，且在酿造过程中，不添加与调整啤酒风味无关的物质，风味特点突出的啤酒。

 知识链接

工坊啤酒

工坊啤酒是啤酒爱好者口头常用的词汇，英文为 craft beer，直译过来就是手工啤酒。美国啤酒酿造协会对 craft beer 的定义是：小型，独立，有"independent beer"标志，授权给合格且有意愿的酒厂使用。

美国酿造者协会对工坊啤酒酿造者的要求是：

（1）产量较小：年产量小于 600 万桶，所产啤酒用于商业交易。

（2）独立自主：非精酿酿造者或公司机构，其所占股份不能超过 25%。

（3）工艺传统：酿造的大部分啤酒的风味要从传统原料与发酵工艺中获得。

啤酒爱好者们通过定义及其衍生出来的文化，给了更多小酒厂使用工坊啤酒标志的权利，体现了很大的开放性和包容性。

以工坊啤酒领域的排头兵 IPA（India Pale Ale 的缩写）为例，它以啤酒花的使用为最大特色。其特点是通过大量啤酒花的投放，利用蛇麻烷中的葎草烯及各类酮类、酚类和酸类等物质来进行保质。虽然阿尔法亚麻酸带来了更多的啤酒苦度，但是也大幅度延长了啤酒的保质期。现在，酿酒师们一直在追求对啤酒花运用技术的创新，使啤酒花的香味更足、苦度更加温和，这也对农业育种技术提出了更高的要求。经过高速发展之后，工坊啤酒衍生出了开放包容的多元文化，使消费者和酿造商的关系达到了空前的和谐。

二、识别啤酒品牌

1. 科罗娜啤酒（Corona Extra）

世界顶级啤酒，是墨西哥莫德罗啤酒公司的拳头产品，因其独特的透明瓶包装及饮用时添加白柠檬片的特别风味，在美国深受时尚青年的青睐，居世界啤酒品牌排行榜之首。

2. 百威啤酒（Budweiser）

世界知名啤酒品牌，诞生于1876年的美国。它采用质量最佳的纯天然材料，通过自然发酵，低温储藏而酿成。发酵过程中，使用数百年传统的山毛榉木发酵工艺，确保每一瓶、每一罐、每一桶百威啤酒都拥有始终如一的清澈、清醇、清爽的口感。

3. 贝克啤酒（Beck's）

德国凭借品质优良的啤酒，成为举世公认的啤酒王国。其中，贝克啤酒始终高居德国啤酒出口量第一位。贝克啤酒起源于16世纪的不来梅古城，其酿造技术优良，1876年，在美国费城世界博览会上，贝克啤酒获得第一届国际竞赛金牌奖的殊荣。

4. 喜力啤酒（Heineken）

喜力啤酒是荷兰阿姆斯特丹的著名啤酒品牌，它于1863年由荷兰喜力啤酒公司创建，是全球第二大啤酒生产商和销售商。喜力啤酒主要以蛇麻子为原料酿制而成，口感平顺甘醇，不含苦涩刺激味道。

5. 嘉士伯啤酒（Carlsberg）

嘉士伯啤酒是国际高档啤酒品牌，其酒质清爽，口感丰满、顺滑，采用全麦芽和当地优质水源制作而成。它由丹麦啤酒巨人Carlsberg公司出品，是仅次于喜力啤酒公司的国际性啤酒生产商、世界第四大酿酒集团。

6. 安贝夫啤酒（Ambev）

安贝夫是世界排名第五的南美洲最大的啤酒集团，总部位于巴西，1999年由两家博浪公司与南极洲公司合并而成，为世界十大啤酒厂商之一。主要品牌包括南极洲、博浪、波希米亚、世傲等。

科罗娜　　　　百威　　　　贝克　　　　喜力　　　　嘉士伯

7. 麒麟啤酒（Kirin）

麒麟啤酒由日本三大啤酒公司之一的麒麟麦酒酿造会社生产，是世界十大啤酒集团之一，该品牌以中国传统文化中的瑞兽——麒麟命名，是一个享有百年盛誉的世界性品牌啤酒。采用低温发酵，历经较长的陈化时间，口感温顺。

8. 青岛啤酒（Tsingtao）

青岛啤酒厂始建于1903年，是中国历史最悠久的啤酒生产企业。其生产的"青岛啤酒"久负盛名，历经百年而不衰，多次荣获国际金奖，1991年被评为中国十大驰名商标之一，是闻名世界的中国品牌之一。其酒液清澈透明，呈淡黄色，泡沫洁白，细腻持久。

9. 雪花啤酒（Snow）

华润雪花啤酒成立于1993年，总部位于北京，中国三大啤酒公司之一，自2006年起，华润雪花啤酒总销量连续多年位列中国啤酒市场销量第一。四大中国品牌为勇闯天涯superX、雪花马尔斯绿、匠心营造啤酒、脸谱系列啤酒（花脸、旦角），大国际品牌为喜力、苏尔啤酒SOL、红爵啤酒、悠世白啤酒Edelweiss。

10. 燕京啤酒（Yanjing）

燕京啤酒集团是继青岛啤酒、华润雪花啤酒之后的中国三大啤酒公司之一，由其生产的燕京啤酒为中国驰名商标，人民大会堂国宴特供酒。它是经过多道工序精选优质大麦、燕山山脉地下300米深层无污染矿泉水、纯正优质啤酒花、典型高发酵度酵母配制而成。

| 安贝夫世傲 | 麒麟 | 青岛 | 雪花 | 燕京 |

三、啤酒出品与服务

1. 点单

（1）熟练掌握各种啤酒知识，客人点单时，应主动介绍啤酒及其特点，问清客人所点啤酒是否需要冰镇。研究表明，啤酒在饮用温度为10℃时泡沫最丰富、最细腻、最持久，香气也最浓郁。要保持这个酒温，需要根据周围环境合理调节饮用温度，当环境温度在25℃上下时，应将啤酒冰镇到10℃左右；当环境温度在35℃上下时，应将啤酒冰镇到6℃。

（2）从下单到吧台取啤酒，服务时间不超过5分钟。

（3）掌握专业术语：1打=12瓶/罐，半打=6瓶/罐，1套杯=1个空杯+1个加满冰块的杯子。

2. 根据啤酒杯的形状和杯壁厚度提供相应的出品服务

（1）笛形啤酒杯：笛形啤酒杯为高脚形，其造型修长，倒入啤酒后能够激起更丰富的泡沫，充分展现啤酒气泡涌动的特色。高脚设计能够有效避免人们握住杯身时导致啤酒升温过快。该啤酒杯适用于淡色艾尔（Ale）、法柔（Faro）、德式下面发酵淡色啤酒、比利时风味水果啤酒等的出品服务。

（2）火焰杯：火焰杯开口大、深度浅、底部宽平、杯壁较厚，下面还有一个细长的杯颈。由于其造型同盛装圣水的杯子相似，故又被称为"圣杯"。有许多圣杯在杯口处镶嵌着一圈金属边，碰杯的时候声音非常好听。用圣杯盛装啤酒很能表现啤酒的泡沫，所以专门用来盛装有两指宽细腻泡沫的啤酒。这种宽口、较浅的杯子有助于酒液内生成更多的气泡以补充泡沫层的厚度，减缓泡沫消失的速度。该啤酒杯适用于比利时修道院风格的双料啤酒（Dubbel）、三料啤酒（Tripel）、四料啤酒（Quadrupel）、烈性淡色艾尔啤酒（Strong Pale Ale）、烈性浓色艾尔啤酒（Strong Dark Ale）等。

（3）比尔森杯：比尔森杯又称"蜂腰啤酒杯"，全杯呈锥形，杯身高且细长，分收腰形和直身形两种。传统比尔森杯是收腰形，直身比尔森杯属于后起之秀。比尔森杯是专为淡色类啤酒（Light Beer）设计的啤酒杯，容量小于1品脱（1品脱约568毫升）。这种细长的形状有助于呈现啤酒的颜色和气泡的质感，同时又能延长头部泡沫的持续性。比尔森杯适用于以下啤酒类：琥珀色拉格啤酒（Amber Lager）、博克啤酒（Bock）、海尔斯啤酒（Helles）、科尔施啤酒（Kolsch）、淡艾尔啤酒（Pale Ale）、比尔森啤酒（Pilsner）和红色拉格啤酒（Red Lager）等。

笛形啤酒杯　　　　火焰杯　　　　比尔森杯

（4）品脱杯：品脱杯，顾名思义，就是指能够装1品脱啤酒的杯子。这款杯子并不像一些人说的是调酒用杯，而是一款古老又经典的啤酒杯，属于畅饮型酒杯。历史上自有玻璃杯起，啤酒都是以品脱为单位销售的，因此，一杯啤酒正好是一品脱，品脱杯（Pint Glass）自此出现。品脱杯的形状呈微锥形圆柱状，杯口较宽。杯壁有垂直形和中间微鼓形两类，前者更为常见，后者中间鼓起是为了防止酒杯滑落，因此有人称其为不碎品脱杯。品脱杯适合盛装泡沫丰富的啤酒，如黑艾尔啤酒（Black Ale）、淡艾尔啤酒（Pale Ale）、辣椒啤酒（Chili Beer）、拉格啤酒（Lager Beer）、黑麦啤酒（Rye Beer）、烟熏啤酒（Smoked Beer）和司陶特啤酒（Stout Beer）等。此类啤酒杯不适用于饮用拥有复杂风味的佳酿类啤酒，如IPA工坊啤酒或小麦啤酒等。

（5）大肚杯：现在广泛使用的小口大肚啤酒杯并非传统球形白兰地杯，而是类似于郁金香的一种小口球形杯。这种啤酒杯的容量较大，杯身形状有助于聚拢啤酒的香气，便于摇晃酒杯让酒体充分融合，利于品鉴。它特别适合于品尝强麦啤酒，常用于盛装浓郁型啤酒或烈性麦芽啤酒，如大麦啤酒（Barley Wine）、比利时艾尔啤酒（Belgian Ale）、双料或帝国烈性啤酒（Dubbel/Imperial Stout）、法兰德斯老棕啤酒（Flanders Oud Bruin）、贵兹啤酒（Gueuze）、帝国 IPA 啤酒（Imperial IPA）、兰比克啤酒（Lambic）、烈性苏格兰艾尔啤酒（Scotch Ale/Wee Heavy）或三料与四料啤酒（Tripel/Quadrupel）等。

（6）郁金香杯：郁金香杯是一种郁金香花朵形状的玻璃杯，杯壁呈 S 形曲面，杯口边缘向外弯曲。这种杯形有助于人们吸吮杯子顶部啤酒的泡沫，品味啤酒的香气。它与蓟花型啤酒杯（Thistle Glass）特别相似，只是杯身更细长。此杯适用于美国野麦酒（American Wild Ale）、大麦酒（Barley Wine）、比利时艾尔啤酒（Belgian Ale）、法国陈酿啤酒（Biere de Garde），双料啤酒与帝国 IPA 啤酒（Dubbel/Imperial IPA）、法兰德斯棕啤酒（Flanders）、贵兹啤酒（Gueuze）、老棕啤酒（Oud Bruin）、兰比克啤酒（Lambic）、三料啤酒（Tripel）、四料啤酒（Quadrupel）、夏季啤酒（Saison）和烈性苏格兰艾尔啤酒（Scotch Ale/Wee Heavy）等。

不碎品脱杯　　　　　大肚杯　　　　　郁金香杯

（7）直口杯：非常传统的德国风格直口杯基本上又细又长，为圆柱体，用来盛装透彻的下面发酵啤酒，便于观察啤酒内部气泡的涌动，喝起来也比较畅快。该啤酒杯适用于捷克的比尔森啤酒和德式拉格啤酒，另有一些酒色透彻可以观察气泡上升的酒类也可用此杯盛装，比如比利时的法柔、混酿、水果啤酒，德国的勃克（Bock）烈性啤酒等。

（8）小麦啤酒杯：小麦啤酒杯有多种形状，其特点是底部细小、杯口较大。它的优点是弧形杯壁有利于倒酒，高杯身便于观看酒体颜色。重要的是，其杯口顶部可以聚拢泡沫和香气，能充分体现啤酒的风味。该啤酒杯适用于小麦啤酒或黑麦啤酒，如深色小麦啤酒（Dunkel weizen）、德式小麦啤酒（Hefe weizen）、美国淡色小麦艾尔啤酒（American Pale Wheat Ale）、美国黑麦艾尔啤酒（American Dark Wheat Ale）或小麦博克啤酒（Weizen bock）等。

（9）深色啤酒杯：深色啤酒杯杯形类似于蘑菇云，底部细短，顶部宽大，是非常便于手持的一个设计。底部细短，是为了便于观察黑啤自身的颜色；顶部宽大，是为了留存更多的泡沫。此杯适用于爱尔兰干世涛、波特、德式拉格深色啤酒及部分双料 IPA 等。

（10）带柄啤酒杯：带柄啤酒杯又称扎啤杯或马克啤酒杯。这种啤酒杯常见于英国和德国，造型多种多样，杯身外壁常有蜂窝状或凹凸条状，这是为了呈现啤酒颜色而专门设计的功能性装饰。它的特点是杯壁厚，容量大，有手柄，便于拿取。这些功能还利于维持啤酒的低温状态，可避免拿放酒杯时冷凝水滴到手上。此杯传统上适合饮用温度较低的生啤酒，如美国拉格啤酒（American Lager）、棕色艾尔啤酒（Brown Ale）、双料博克啤酒（Dubbel bock）、英式艾尔啤酒（English Ale）、英式烈性世涛啤酒（English Stout）、欧式拉格啤酒（Euro Lager）、窖藏啤酒（Kellerbier）、浅色博克啤酒（Maibock）、清啤酒（Mrzen）、啤酒节啤酒（Oktoberfest）、维也纳拉格啤酒（Vienna Lager）等。

直口杯　　小麦啤酒杯　　深色啤酒杯　　带柄啤酒杯

3. 根据啤酒杯的不同饮用方式提供相应的出品服务

（1）啤酒加柠檬：一支啤酒加一个柠檬角（或柠檬片），如果是半打以上的啤酒，可以用小碟按啤酒的数量跟配柠檬角。流行加柠檬的啤酒有苏尔（SOL）、科罗娜（Corona）等清淡型啤酒。

（2）烈性黑啤加蛋：取一个新鲜鸡蛋打入带柄生啤杯内，跟配一支苏打酒（苏打水）和一瓶（罐）烈性黑啤酒。啤酒混合饮用者不少，喝法也因人而异。但是，优质啤酒还是建议不要混合饮用，纯饮才最能体现其特有的风味。

（3）德式小麦啤酒（Hefe weizen 或 Weissbier）：饮用前需竖立降温保存两三天，以便让瓶中的酵母慢慢沉淀。饮用时将上面的酒液轻轻倒入杯中，注意切勿搅浑底部的酵母。好的酵母麦芽啤酒会立刻产生大量泡沫。也可以在倒完啤酒后再轻轻摇晃酒瓶底部的沉淀酵母，将浑浊的酵母倒入另外一个小杯子中单独品尝。

4. 斟酒服务

（1）用托盘托回啤酒及冰冻酒杯，依据女士优先、先宾后主的原则为客人提供斟酒服务。

（2）站在客人右侧，左侧托托盘，右手将冰冻酒杯放在客人骨碟的右上方，拿起客人所点啤酒，侧转身将易拉罐打开，在客人右侧将啤酒轻轻倒入杯中。倒酒时应将瓶口抵在一侧杯壁上，让啤酒沿杯壁慢慢滑入杯中，以减少酒沫。如果是瓶装啤酒，要当着客人的面开启酒瓶，以便客人确认酒品品质。开启瓶装啤酒时不要剧烈晃动，要用开瓶器轻启瓶盖，并用口布擦拭瓶身及瓶口。

（3）倒酒时要将酒标朝向客人。

（4）啤酒应斟八分满，确保酒沫不溢出杯外。

（5）如瓶中啤酒未倒完，应把酒标朝向客人，摆在酒杯右侧，距酒杯 2 厘米。

5. 添酒

（1）随时为客人添酒。

（2）当瓶中啤酒只剩 1/3 时，应主动询问客人是否再添加一瓶啤酒。

（3）及时将倒空的啤酒瓶撤下台面。

6. 注意事项

（1）在开瓶前尽量避免摇晃，以防开瓶时产生过多泡沫，导致大量气体与酒液溢出。

（2）瓶装或罐装啤酒一定要拿到客人面前，客人确认后方能开瓶。

（3）饮用啤酒杯要干净卫生，出品前检查杯口，以防划伤客人。

（4）向啤酒中加柠檬时必须使用夹子，切勿直接用手。

（5）掌握斟酒技巧，动作要轻，以免产生大量泡沫。

（6）斟完酒后要及时撤走空瓶。

（7）住店的醉酒客人如果只是意识不太清醒，但情绪状态比较稳定，而且行动能力较好的，服务员应马上为客人送上一条一次性热毛巾。醉酒客人有同行者，最好也给同行者一条一次性热毛巾。重度醉酒的客人如果意识已经不清并丧失了一定行动能力的，服务员应寻求同行协助，也可联系酒店保安，多人一起将醉酒客人送进客房。在离开客房时，一定要交代同行者注意醉酒客人状态，注意保持醉酒客人呼吸畅通。

实训练习

1. 请根据客人点单，为客人提供听装啤酒的现场服务。
2. 请根据客人点单，为客人提供瓶装啤酒的现场服务。

模块 13　葡萄酒的出品与服务

工作任务

一天，某企业在酒店举办年中答谢酒会，根据预订标准，酒水由活动主办方自带。宴会进行了大半程，自带酒水用完了，一位客人对服务员说："请给我们桌再来一瓶葡萄酒。"服务员说："对不起，没有了。"客人听了很不高兴："为什么没有了？我们还没喝够呢！"服务员生硬地回答："酒水是主办单位自带的，你要喝找他们要去，我们没有。"由于服务员回答不妥，使赴宴客人与主办单位造成误会，主办单位因服务员现场处置不妥而向饭店提出投诉。

引导问题

❖ 宴会上自带的酒水用完了，作为服务员的你会怎么处理？

❖ 如何避免此类事件的发生？

一、葡萄酒的种类

《饮料酒术语和分类（GB/T 17204-2021）》中，对葡萄酒有明确定义：葡萄酒（wines），是以葡萄或葡萄汁为原料，经全部或部分酒精发酵酿制而成的，含有一定酒精度的发酵酒。

饮料酒产品分类表——葡萄酒

一级分类	二级分类	三级分类		四级分类	五级分类
发酵酒	葡萄酒	按色泽分	白葡萄酒	-	-
			桃红葡萄酒	-	-
			红葡萄酒	-	-
		按二氧化碳含量（以压力表示）分	平静葡萄酒	-	-
			含气葡萄酒	起泡葡萄酒	-
				低泡葡萄酒	-
				葡萄气酒	-
		按含糖量分	干葡萄酒	-	-
			半干葡萄酒	-	-
			半甜葡萄酒	-	-
			甜葡萄酒	-	-
			自然起泡葡萄酒	-	-
			超天然起泡葡萄酒	-	-
			天然起泡葡萄酒	-	-
			绝干起泡葡萄酒	-	-
			干起泡葡萄酒	-	-
			半干起泡葡萄酒	-	-
			甜起泡葡萄酒	-	-
		按酒精度分	葡萄酒	-	-
			低度葡萄酒	-	-
		按产品特性分	特种葡萄酒	含气葡萄酒	-
				冰葡萄酒	-

一级分类	二级分类	三级分类	四级分类	五级分类
发酵酒	葡萄酒	按产品特性分 特种葡萄酒	低度葡萄酒	
			贵腐葡萄酒	
			产膜葡萄酒	
			利口葡萄酒	
			加香葡萄酒	
			脱醇葡萄酒	低醇葡萄酒
				无醇葡萄酒
			原生葡萄酒	
			其他特种葡萄酒	

下面根据《饮料酒术语和分类（GB/T 17204-2021）》，着重对按照色泽、二氧化碳含量、含糖量和产品特性分类的葡萄酒进行简要介绍。

1. 按色泽分类

（1）白葡萄酒（white wines）：外观色泽近似无色或呈现微黄带绿、浅黄、禾秆黄、金黄色等颜色的葡萄酒。白葡萄酒只将葡萄的汁液发酵，且培养期通常在1年以内，口味清爽，单宁含量低，带水果香味及果酸味。

（2）桃红葡萄酒（rose wines）：外观色泽近似桃红或呈现淡玫瑰红、浅红色等颜色的葡萄酒。桃红葡萄酒是在白葡萄酒中加入红葡萄酒而得，这样可以缩短红葡萄酒浸皮的时间，其口味介于白葡萄酒与红葡萄酒之间。

（3）红葡萄酒（red wines）：外观色泽近似紫红或呈现深红、宝石红、红微带棕色、棕红色等颜色的葡萄酒。红葡萄酒是将葡萄的果皮、果肉、种子等与果汁一起发酵，且培养期在1年以上，口味较白葡萄酒浓郁，多含单宁而带涩味，因发酵程度较高，通常不甜但酒性比白葡萄酒稳定，保存期可达数十年。

葡萄酒的颜色鉴别

2. 按二氧化碳含量（以压力表示）分类

（1）平静葡萄酒（still wines）：在20℃时，二氧化碳压力小于0.05 MPa的葡萄酒。由于静态葡萄酒排除了发酵后产生的二氧化碳，故又称无气泡酒。

这类酒是葡萄酒的主流产品。

（2）含气葡萄酒（carbon dioxide-containing wines）：在20℃时，二氧化碳压力等于或大于0.05 MPa的葡萄酒。含气葡萄酒又分为起泡葡萄酒、低泡葡萄酒和葡萄气酒。其中，起泡葡萄酒因装瓶后经两次发酵产生二氧化碳而得名，这类酒以法国香槟区所产的香槟最负盛名。葡萄气酒（carbonated wines）是指酒中所含二氧化碳是部分或全部由人工添加的，具有同起泡葡萄酒类似物理特性的含气葡萄酒。

3. 按含糖量分类

按含糖量，可将葡萄酒分成干葡萄酒、半干葡萄酒、半甜葡萄酒、甜葡萄酒、自然起泡葡萄酒等多种类型，这里只介绍4种比较常见的。

（1）干葡萄酒（dry wines）：总糖小于或等于4.0g/L，或者总酸与总糖的差值小于或等于2.0g/L时，总糖最高为9.0 g/L。干葡萄酒一般品尝不出甜味，具有洁净、幽雅、香气和谐的果香和干红葡萄酒酒香。

（2）半干葡萄酒（semi-dry wines）：总糖大于干葡萄酒，最高为12.0g/L，或者当总糖与总酸的差值小于或等于10.0g/L时，总糖最高为18.0g/L。半干葡萄酒微具甜感，酒的口味洁净、幽雅、圆润，具有和谐愉悦的果香和酒香。

（3）半甜葡萄酒（semi-sweet wines）：总糖大于半干葡萄酒，最高为45.0g/L。半甜葡萄酒具有甘甜、爽顺、舒愉的果香和酒香。

（4）甜葡萄酒（sweet wines）：总糖大于45.0 g/L，当甜葡萄酒中的糖完全来源于葡萄原料时，可称为天然甜葡萄酒。甜葡萄酒具有甘甜、醇厚、舒适、爽顺的口味，具有和谐的果香和酒香。

4. 按产品特性分类

（1）冰葡萄酒（ice wines）：当气温低于－7℃时，使葡萄在树枝上保持一定时间后采收，在结冰状态下压榨，发酵酿制而成的葡萄酒（在生产过程中不允许外加糖源）。

（2）低度葡萄酒（low alcohol wines）：经中止发酵，获得酒精度小于7.0%vol的葡萄酒。

（3）贵腐葡萄酒（noble wines）：在葡萄的成熟后期，葡萄果实感染了灰绿葡萄孢霉菌（Botrytis cinerea），使果实的成分发生了明显的变化，用这种葡萄酿制而成的葡萄酒（在生产过程中不允许外加糖源）就是贵腐葡萄酒。

（4）产膜葡萄酒（flor or film wines）：葡萄汁经过全部酒精发酵，在酒的自由表面产生一层典型的酵母膜后,加入葡萄白兰地、葡萄蒸馏酒或食用酒精,所含酒精度为 15.0%vol~22.0%vol 的葡萄酒。

(5)利口葡萄酒(liqueur wines):在葡萄酒中加入葡萄蒸馏酒、白兰地或食用酒精及葡萄汁、浓缩葡萄汁、焦糖化葡萄汁、白砂糖而制成的,所含酒精度为 15.0%vol~22.0%vol 的葡萄酒。

(6)加香葡萄酒(aromatized wines):以葡萄酒为酒基,经浸泡芳香植物或加入芳香植物的提取物而制成的,具有浸泡植物或植物提取物特征的葡萄酒。注:芳香植物指根据相关规定可在食品加工中使用的具有芳香特征的植物,多为苦艾、肉桂、丁香、鸢尾、菖蒲、龙胆、豆蔻、菊花、橙皮、芫荽籽、金鸡纳树皮等。加香葡萄酒可以丰富葡萄酒的色、香、味,同时使加香葡萄酒具有特别的保健作用。国外著名的加香葡萄酒集中产自欧洲的意大利及法国,类别上分甜型、干型(半干型),从色泽上分为红、白两类。

(7)脱醇葡萄酒(de-alcohol wines):采用葡萄或葡萄汁经全部或部分酒精发酵,生成酒精度不低于 7.0%vol 的原酒,然后采用特种工艺降低酒精度的葡萄酒。脱醇葡萄酒又分为低醇葡萄酒和无醇葡萄酒。低醇葡萄酒(partly de-alcohol wines)是酒精度为 0.5%vol~7.0%vol 的脱醇葡萄酒;无醇葡萄酒(non-alcohol wines)是酒精度小于 0.5%vol 的脱醇葡萄酒。

(8)原生葡萄酒(wines of chinese native vine):采用中国原生葡萄种,包括野生或人工种植的山葡萄、毛葡萄、刺葡萄、秋葡萄等中国起源的种及其杂交品种的葡萄或葡萄汁经过全部或部分酒精发酵酿制而成的葡萄酒。具体名称为山葡萄酒(Vitis amurensis wines)、毛葡萄酒(Vitis heyneana wines)、刺葡萄酒(Vitis davidii wines)、秋葡萄酒(Vitis romaneti wines)等。

(9)其他特种葡萄酒(special wines):在种植、采摘或酿造工艺中使用特定方法酿制而成的葡萄酒。

二、酿酒葡萄及主要品种

1. 鲜食葡萄与酿酒葡萄

葡萄首先分为鲜食葡萄与酿酒葡萄。虽说鲜食葡萄也可以用来酿酒,但其酿造的葡萄酒远不及酿酒葡萄的风味。

(1)鲜食葡萄(Table Grapes):果粒大,果汁少,果肉多,果皮较薄,糖度适中、酸度较低,产量高,欧亚种、美洲种、杂交种都有。如巨峰葡萄、玫瑰香葡萄、龙眼葡萄、马奶葡萄及仙人指葡萄都是良好的鲜食葡萄。

（2）酿酒葡萄（Wine Grapes）：果粒小，果汁多，果肉少，果皮较厚，高糖高酸，产量适中或者较低，以欧亚种为主。如赤霞珠、品丽珠、黑皮诺、霞多丽、雷司令等著名葡萄。

2.常见酿酒葡萄品种

（1）赤霞珠（Cabernet Sauvignon）红葡萄品种中当之无愧的王者，世界各地广为栽培的酿酒名种，适合在温暖或炎热的气候中生长，尤其以法国波尔多和南部地区最具代表，在我国也广泛种植。其果小皮厚，颜色深、酸度高、单宁含量高，酒色深邃，呈宝石红色，酒体结构丰满，有强烈而复杂的香气。酒质极佳，可陈酿。

（2）品丽珠（Cabernet Franc）：红葡萄酒酿酒名种，原产自法国波尔多区，适合较冷的气候，在意大利东北和美国加州北岸亦广布，在我国主要分布于华北、西北和西南等地区。相比赤霞珠，其果实较小，皮较薄，酿造的葡萄酒颜色较浅，酒体较轻盈，单宁含量和酸度较低，口感更为柔和，香气更显著。常用于酿造冰红葡萄酒和混酿葡萄酒。

（3）梅洛（Merlot）：红葡萄酒酿酒品种，广泛种植于波尔多和美国等地。在我国的种植面积仅次于赤霞珠，在山东、河北、山西、宁夏和云南都有种植。它通常与赤霞珠、品丽珠混酿，单宁和酸度都较低，酒体饱满，酒精度较高。相对于"重口味"的赤霞珠，梅洛是初尝红葡萄酒的最佳选择。

（4）霞多丽（Chardonnay）：是世界上最流行的白葡萄酒酿酒品种之一，为绿皮葡萄品种，原产于法国勃艮第，在世界各大产区都有种植，我国目前生产的干白葡萄酒大部分都是采用霞多丽酿造，胶东半岛和宁夏地区出产的优质霞多丽干白与国外的高品质霞多丽酒相比毫不逊色。霞多丽所酿的葡萄酒酒体呈黄绿色，澄清透亮，拥有丰富的果味，果香浓郁，回味优雅，酒质极佳。

（5）雷司令（Riesling）：来自德国莱茵河地区芳香白葡萄品种，具有花香和高酸度，用于制作干型、半甜型、甜型及起泡白葡萄酒，酒体纯净，酸度强，但常能与酒中的甘甜口感相平衡，其香味浓烈优雅，可经数十年陈酿。

（6）长相思（Sauvignon Blanc）：是一种绿皮葡萄品种，用以酿造白葡萄酒，以清新的柑橘和青草香气闻名，广泛种植于新西兰、法国的卢瓦尔河谷和美国等地。冰镇饮用，是可以和奶酪、寿司搭配的少数葡萄酒之一。

三、全球葡萄酒产业简介

欧洲是葡萄酒的发源地和主产区。国际葡萄与葡萄酒组织（OIV）于2023

年 4 月公布了 2022 年全球葡萄酒行业最新数据报告。

（1）葡萄种植面积：就葡萄种植面积而言，西班牙以 95.5 万公顷的葡萄种植面积，位列全球第一；法国位列第二，葡萄园面积 81.2 万公顷；中国的葡萄园面积位列全球第三，达 78.5 万公顷；意大利的葡萄种植面积 71.8 万公顷，位列全球第四。

（2）产量：2022 年，意大利、法国、西班牙三国的葡萄酒产量超过全球葡萄酒产量的一半，为 51%。美国、澳大利亚和中国分列第四至第六位。智利是南美最大的产酒国。

（3）出口：2022 年，国际葡萄酒贸易仍然由意大利、西班牙、法国这三个欧盟国家主导，三国占全球葡萄酒出口值的 61%。其中，意大利是最大的葡萄酒出口国，占全球出口的 20%。但就价值而言，法国是全球第一大葡萄酒出口国，其出口值几乎占全球贸易总额的 1/3。南美的智利是全球第四大出口国。

（4）进口：美国、德国、英国是全球三大葡萄酒进口国，2022 年，进口量 41 亿升，占全球总量的 38%，进口值 131 亿欧元，占全球总值的 39%。中国进口 3.4 亿升，位列世界第八。

（5）消费：在葡萄酒消费量方面，美国仍然是全球最大的葡萄酒消费国，2022 年消费量为 34 亿升。欧盟各国的葡萄酒消费量为 111 亿升，占全球葡萄酒消费量的近一半，为 48%。中国的葡萄酒消费量为 8.8 亿升，位列全球第八。南美最大的葡萄酒消费国是阿根廷，消费量 8.3 亿升，位列全球第九位。

四、法国葡萄酒产业简介

法国是世界上葡萄酒生产历史最悠久的国家之一，不仅葡萄种植园面积广大，葡萄酒产量大，消费量大，而且葡萄酒质量也是世界上公认第一的。严格的等级划分制度和葡萄酒饮用时的种种规则，使法国葡萄酒往往被赋予了很多浪漫主义的情调。

波尔多是法国第五大城市，世界上最大的美酒之乡，位于法国西南部的波尔多产区，也是世界葡萄酒之都。波尔多葡萄种植面积居法国三大葡萄酒产区之首，所产葡萄酒口感柔顺，极具女性的柔媚气质，因而有"法国葡萄酒王后"之称。波尔多产区的葡萄酒复杂、和谐、高雅，主要由赤霞珠葡萄混制而成。

勃艮第是法国古老的葡萄酒产地之一，也是唯一可以与波尔多葡萄酒抗衡的地区，既生产著名的红葡萄酒，也生产饮誉世界的白葡萄酒。葡萄酒有的雄浑饱满，有的精致典雅，品种繁多，各具特色。

勃艮第葡萄酒著名产地夏布丽所产葡萄酒色泽金黄带绿，清亮晶莹，带有刺激性辣味，香气优美而轻盈，尤其适合佐餐生蚝，故有"生蚝葡萄酒"之美称。科·博纳产区主要生产勃艮第上好的白葡萄酒，该区的布利尼·蒙拉谢村是世界上最高级的辣味白葡萄酒产地，这里的白葡萄酒有着芳香诱人的香味和钢铁般强劲的辣味，故有"白葡萄酒之王"的尊称。

牛刀小试

葡萄美酒夜光杯——说说中国的葡萄酒

中国人自古以来就对白酒情有独钟，所以在人们的认知中，葡萄酒是西方国家的专属，其实不然，葡萄酒在我国一度达到过巅峰时刻。

"葡萄美酒夜光杯，欲饮琵琶马上催。"这句出自诗人王翰《凉州词》中的名句，把我们的视线聚焦到了王翰所处的那个辉煌时期——唐代。此前，张骞出使西域，把葡萄酒文化引进到中国，促进了我国葡萄的种植和葡萄酒酿制工艺的发展。

诗句中的"凉州"，属西北边地，是今天我国甘肃省河西、陇右一带。请大家尝试了解中国的葡萄酒文化，探究我国古代葡萄酒的发展史，并说说中国葡萄酒的三大品牌及产区，以及中国十大葡萄酒酒庄。

五、葡萄酒服务基础知识

1. 葡萄酒佐餐原则

吃西餐时，往往要喝不同的酒，即便是同一种酒，如葡萄酒，往往也要搭配不同的菜肴，这是由他们的饮食习惯决定的。以葡萄酒为例，通常情况下，只要遵循白酒配浅色菜肴、红酒配深色菜肴的原则就可以。如果有些菜肴介于浅色与深色之间，选择一款桃红酒就可以了。香槟酒由于有独特的口味和丰富的气泡，可谓百搭，从烤肉类到甜品都可以，尤其是口感偏干且偏辣的菜，搭配香槟酒效果尤其好。

西餐与葡萄酒的搭配

干白型葡萄酒口感清爽，酸度高，搭配海鲜、鸡肉、猪肉，尤其是白切肉口感会更佳，比如，丰厚型干白葡萄酒酒体圆润丰厚，酒香浓郁，适合搭配虾、蟹，或者是口味浓的红烧鱼和肉类；果香型干白适合搭配蘑菇及一些用水果做的简单的凉菜。

2. 葡萄酒的最佳饮用温度

葡萄酒的风味不同，饮用温度也不同。

（1）上等波尔多红葡萄酒：16～18℃

（2）勃艮第红葡萄酒：14～16℃

（3）博若莱的桃红葡萄酒：10～13℃

（4）辣而有劲的白葡萄酒：6～10℃

（5）浓烈的上等白葡萄酒：10～13℃

（6）香槟地区的起泡酒：4～8℃

如何控制葡萄酒的最佳饮用温度呢？最好的方法就是用冰桶冷却，这样能保持葡萄酒不失原味，当酒瓶的温度上升时，再次放入冰桶即可。具体冰镇方法为：在冰桶中放入 2/3 的碎冰及冰水，将酒瓶置于冰桶中，盖上一块白色餐布，一般 15 分钟即可将酒温降至 8℃。

红葡萄酒冷却后会增加酸涩味道，所以基本上不需要冷却，但是，清淡型的红葡萄酒冷却后能让酸味更加活泼，别有一番风味。

对于起泡酒来说，冷却后饮用能强化白葡萄酒新鲜的酸味和甜味，同时能增强气泡量。

葡萄酒的最佳饮用温度

温度/℃	白葡萄酒	红葡萄酒	汽酒	开胃酒及甜酒
6～8	清淡的白葡萄酒	-	有香味的甜汽酒	烈性且纯度高的开胃酒
8～10	有香味的白葡萄酒	-	香槟	-
10～12	口味稍重的白葡萄酒	清淡的红葡萄酒	-	-
12～14	口味重的白葡萄酒	口味稍重的红葡萄酒	-	贵腐葡萄酒
14～16	-	口味重的红葡萄酒	-	烈性甜酒
16～18	-	陈年红葡萄酒	-	-

六、葡萄酒服务

1. 推销

服务员推销葡萄酒时既要考虑客人对葡萄酒的了解程度，又要对本酒店可供销售的酒品了然于胸，这样才能达到较好的服务效果。

销售葡萄酒的技巧主要有以下几点：

首先，要有细致的洞察力，要从客人的穿着来判断客人的档次，要主动询问客人的需求：先生/女士：您好！有什么能帮到您？询问时态度要诚恳，目光要真诚。

其次，不要在客人面前过于表现自己的专业。先从侧面了解客人对葡萄酒的熟悉程度，然后重点介绍客人喜爱的品种及品牌。通常来说，根据客人习惯介绍一些与葡萄酒相关的信息是不错的做法。

（1）陈年葡萄酒试饮期：新酒3～5年，陈年酒10年以上。

（2）出产红酒的好年份：1982年、1996年、2000年、2003年、2009年。

（3）根据客人习惯饮用的葡萄酒的产区进行推荐。

（4）按用餐客人的佐餐习惯搭配推荐。

推荐酒水时，要将酒标朝向客人，在显眼处摆上酒的文化背景介绍资料，价签做得清晰、明确。如果是高档红酒，应将其放在冷柜内出售。

2. 用品准备

（1）准备好洁净无褶皱的白色口布1条。

（2）服务红葡萄酒时需准备酒篮1个、醒酒器1个、酒刀1把、小碟子1个、餐巾纸1张。将红葡萄酒放入酒篮内，酒标朝上。

（3）服务白葡萄酒及气泡酒时要准备冰桶。

（4）准备银托盘 1 个，将干净、平整的白色口布铺在上面。根据客人人数及所点葡萄酒类型准备酒杯。

准备客用葡萄酒杯

酒杯类型		酒杯描述
红葡萄酒杯		杯底有握柄，上身较白葡萄酒杯更为圆胖宽大，主要用于盛载红葡萄酒和用其制作的鸡尾酒。勃艮第红酒杯为杯底较宽的郁金香杯，酒杯的最佳容量是 10 盎司。勃艮第酒杯的腰身要比红葡萄酒杯稍大，属饱满型
白葡萄酒杯		杯底有握柄，比红葡萄酒杯矮，杯体弧度较大
香槟杯	郁金香形杯	杯身细长，可令酒的气泡不易散掉，令香槟更可口
	笛形杯	
	浅碟形杯	杯身圆润柔和

勃艮第红酒杯　波尔多红酒杯　白葡萄酒杯　郁金香形杯　笛形杯　浅碟形杯

3. 示酒、开瓶及试酒服务

根据"模块 4 酒吧服务程序"中的操作步骤和标准，提供相应的示酒、开瓶及试酒服务。

4. 醒酒

如果服务的是红葡萄酒，一般需要醒酒，这是因为红葡萄酒中的单宁被封在酒里，氧化程度很低，喝起来会十分酸涩，将其倒入专业醒酒器中，可增加酒液和空气接触的面积，让酒液充分氧化，释放迷人香气，降低涩味，这样喝起来酒的味道才会变得柔和、醇厚。

醒酒"呼吸"的时间要视酒的不同品种而定：香槟酒或甜白酒可以提前 1 小时开瓶；年份短的红葡萄酒需要醒 0.5~1 小时，最多不超过 3 小时。

具体做法是：将酒倒出一部分至醒酒器内，然后询问客人是否需要醒酒："您好！先生/女士，请问您点的酒需要醒酒吗？"客人如果需要醒酒，则要问清醒酒的时长："您希望醒多长时间？"之后再为客人提供侍酒服务。如客人表示不需要醒酒，则可立即为客人服务。

年份较长的老酒，瓶身或瓶颈出现沉淀物时，一般应换瓶。具体做法是：将酒直立放置一段时间，等待沉淀物沉淀。开瓶后，将酒缓缓倒入一个空瓶中，或者倒入醒酒器中，将沉淀物全部留在原瓶中。

5. 斟酒

斟酒时，先向点酒客人的杯中倒入约 1/4 杯量的红葡萄酒请客人试酒，待客人确认了酒的品牌和级数后，再按人数往相应数量的杯中倒入葡萄酒。服务标准与程序同"模块 4"一致。

白葡萄酒服务

红葡萄酒服务

起泡葡萄酒服务

🍃 牛刀小试

餐酒搭配我做主

关于餐酒如何搭配，坊间有着这样一句话——红酒配红肉，白酒配白肉，当地的酒配当地的菜。

葡萄酒配餐的关键是不要打破美食、美酒营造出来的和谐之美。

第一，质感相近原则：即浓配浓、淡配淡，酒体轻盈的葡萄酒佐以清淡美食，而酒体醇厚的美酒辅以口味浓郁的美食。

第二，风味相近原则：即用风味类似的美食搭配美酒，将需要凸显的风味展现得更加淋漓尽致。

第三，风味互补原则：即把风味不同的美食、美酒搭配在一起，如咸甜配可以突出果味，高酸与高脂肪配可以解油腻等。

一千个人眼中有一千个哈姆雷特，即使一款酒不能取悦所有人，但还是要竭尽全力为客人们找到高性价比的餐酒最佳搭档。

同学们可以结合当地美食的特点，分组讨论餐酒搭配方案，找到与当地美食最佳搭配的葡萄酒来。

模块 14 软饮料的出品与服务

听力·饮料

🍃 工作任务

沙滩吧的 Helen 今晚要为"六一"做准备,她知道晚上会有不少带孩子的客人要来这里休闲娱乐。

🍃 引导问题

❖ 软饮料是指哪些饮品?
❖ 软饮料的销售服务有哪些需要注意的事项?
❖ 本地夏季常见的水果有哪些适宜制作饮料?

一、软饮料及其种类

我国的国家标准《饮料通则》(GB/T 10789—2015)对饮料(俗称软饮料)定义如下:饮料(beverage/drinks),是指经过定量包装的,供直接饮用或按一定比例用水冲调或冲泡饮用的,乙醇含量(质量分数)不超过 0.5% 的制品。也可为饮料浓浆或固体形态。饮料浓浆(beverage syrup),是以食品原辅料和(或)食品添加剂为基础,经加工制成的,按一定比例用水稀释或稀释后加入二氧化碳方可饮用的制品。

软饮料主要分为以下 11 类:

(1)包装饮用水(packaged drinking water):以直接来源于地表、地下或公共供水系统的水为水源,经加工制成的密封于容器中可直接饮用的水。

(2)果蔬汁类及其饮料(fruit/vegetable juices and beverage):以水果和(或)蔬菜(包括可食的根、茎、叶、花、果实)等为原料,经加工或发酵制成的液体饮料。

(3)蛋白饮料(protein beverage):以乳或乳制品,或其他动物来源的可食用蛋白,或含有一定蛋白质的植物果实、种子或种仁等为原料,添加或不添加其他食品原辅料和(或)食品添加剂,经加工或发酵制成的液体饮料。

（4）碳酸饮料/汽水（carbonated beverage）：是以食品原辅料和（或）食品添加剂为基础，经加工制成的，在一定条件下充入一定量二氧化碳气体的液体饮料，如果汁型碳酸饮料、果味型碳酸饮料、可乐型碳酸饮料、其他型碳酸饮料等，不包括由发酵自身产生二氧化碳气的饮料。

（5）特殊用途饮料（beverage for special uses）：是指加入具有特定成分的适应所有或某些人群需要的液体饮料。

（6）风味饮料（flavored beverage）：是以糖（包括食糖和淀粉糖）和（或）甜味剂、酸度调节剂、食用香精（料）等的一种或者多种作为调整风味的主要手段，经加工或发酵制成的液体饮料，如茶味饮料、果味饮料、乳味饮料、咖啡味饮料、风味水饮料、其他风味饮料等。注意，不经调色处理、不添加糖（包括食糖和淀粉糖）的风味饮料为风味水饮料，如苏打水饮料、薄荷水饮料、玫瑰水饮料等。

（7）茶（类）饮料（tea beverage）：是以茶叶或茶叶的水提取液或其浓缩液、茶粉（包括速溶茶粉、研磨茶粉）或直接以茶的鲜叶为原料，添加或不添加食品原辅料和（或）食品添加剂，经加工制成的液体饮料。如原茶汁（茶汤）/纯茶饮料、茶浓缩液、茶饮料、果汁茶饮料、奶茶饮料、复（混）合茶饮料、其他茶饮料等。

（8）咖啡（类）饮料（coffee beverage）：是以咖啡豆和（或）咖啡制品（研磨咖啡粉、咖啡的提取液或其浓缩液、速溶咖啡等）为原料，添加或不添加糖（食糖、淀粉糖）、乳和（或）乳制品、植脂末等食品原辅料和（或）食品添加剂，经加工制成的液体饮料。如浓咖啡饮料、咖啡饮料、低咖啡因咖啡饮料、低咖啡因浓咖啡饮料等。

（9）植物饮料（botanical beverage）：是以植物或植物提取物为原料，添加或不添加其他食品原辅料和（或）食品添加剂，经加工或发酵制成的液体饮料。如可可饮料、谷物类饮料、草本（本草）饮料、食用菌饮料、藻类饮料、其他植物饮料，不包括果蔬汁类及其饮料、茶（类）饮料和咖啡（类）饮料。

（10）固体饮料（solid beverage）：用食品原辅料、食品添加剂等加工制成的粉末状、颗粒状或块状等，供冲调或冲泡饮用的固态制品，如风味固体饮料、果蔬固体饮料、蛋白固体饮料、茶固体饮料、咖啡固体饮料、植物固体饮料、特殊用途固体饮料、其他固体饮料等。

（11）其他类饮料（other beverage）：以上饮料之外的饮料，其中经国家相关部门批准，可声称具有特定保健功能的制品为功能饮料。

二、软饮料的出品服务

（1）准备工具及原材料：根据客人点单内容准备所需原材料及操作工具。饮料出品的常用工具有榨汁机、各种玻璃杯、装饰物、托盘、杯垫等。

（2）将玻璃杯降温处理：用冰夹或冰勺将冰块盛入玻璃杯中。注意不能直接用玻璃杯取冰，以保证冰桶的卫生和安全。

（3）制作饮品：将削去果皮的水果放入榨汁机，启动开关，榨出果汁，并盛放进饮料壶中；将装有果汁的饮料壶及饮品杯装进托盘，尽快送到客人桌边。

（4）斟倒饮品：将杯垫从客人右后侧摆放在客人右手边两三点钟的位置（客人右侧如有障碍物，则可从左侧服务），把盛有冰块的杯子摆放在杯垫上，当着客人的面开启饮料瓶瓶盖，再将已经开瓶的饮料斟倒给客人。

实训练习

1．请根据客人点单，制作并服务一款调配果汁饮品。
2．请根据客人点单，制作并服务一杯冰咖啡。

项目❻ 酒水销售

项目6题库

> 小张是酒店大堂吧一名新来的员工，对工作很是认真，肯学肯干，每每对客服务都能做到细致、细心，可是有一项工作却让小张很为难。小张性格内向，虽然勤快，但不善言辞，经理让员工适时推销酒水，小张有些无从下手，加上没有酒店工作的经验，总是无法将酒水推销出去，一旦客人说不要，他就不知道说什么好了。
>
> 【想一想】除了基本的对客服务工作，酒吧服务员还应了解哪些酒水销售的技巧，这些技巧对于酒吧工作有哪些用处？

模块 15 酒水推销

工作任务

为提高销售成效，提前制订工作计划，根据客人特点，做好相应的准备，采取合理的推销方式，最大限度地满足客人的需求。

引导问题

❖ 常见的推销方式和推销活动有哪些？

❖ 酒吧服务员应掌握哪些推销技巧？

一、服务理念

1. "一切为了客人"的服务理念是永恒的主题

（1）认真细致：无论是调酒师还是酒吧服务员，必须将每道服务程序、每个服务细节做得尽善尽美，力争使服务超出客人的期望值，令宾客喜出望外。

（2）精心打造：调酒师要以主人翁的态度，积极发挥想象力，精心营造令客人满意的服务氛围。

（3）微笑服务：微笑的重要性不言而喻，调酒师和酒吧服务员在服务过程中要始终保持微笑。

（4）宾至如归：将每位客人看作亲人和朋友，让客人感受家一般的亲切和温暖。在每次服务结束时，用诚意和敬意感谢客人的光临，并主动邀请客人再次光临。

2. "态度"决定一切

（1）对管理者的态度：尊敬管理者，服从管理者的决定并有效执行管理者的工作安排。

（2）对客人的态度：对客人热情有礼。

（3）对工作的态度：对待工作认真、严谨。

二、服务原则

（1）以客人为中心的原则：酒吧服务必须坚持以客人为中心的原则，尊重客人的人格、喜好和习俗，在满足客人自尊心的同时，提供能满足其消费需求的服务，刺激客人的消费欲望。

（2）周全性原则：现代人的消费日趋多样化、高档化，人们不仅希望酒吧能提供丰富多彩、高品质的饮品和服务，而且希望这里能提供各种代表潮流的娱乐项目和其他特色服务。

（3）人情化原则：酒吧是客人精神满足和情感宣泄的场所，酒吧要在服务中体现人情味，增加客人的回头率。

（4）效率性原则：酒吧的产品一般是即时制作、即时消费，并且需要服务员面对面直接服务。受酒水的特性所限，这种服务必须讲究一个快字，体现高的效率和高的质量。

（5）灵活性原则：客人在酒吧消费具有随意性，加上酒吧经常会出现一些突发事件，如客人醉酒闹事，这就要求酒吧服务员能随机应变，在不损害客人自尊或情感的条件下，灵活得体地处理突发事件。

（6）安全性原则：酒吧首先要保证酒水的质量和卫生安全，其次要保证客人的隐私得到尊重，最后要保证客人在消费过程中不受干扰和侵害。只有保证了消费安全，才能维持一个稳定的客源市场。

三、推销目的

（1）酒吧虽然以一定的娱乐活动来吸引客人，但酒吧的收入是通过销售酒水来获得的。酒吧服务员要采取各种推销手段来增加酒水的销售量。

（2）推销酒水能向客人展示酒吧的特色和风貌，给客人留下美好的印象，有利于提高客人的回头率，创造良好的口碑，获得新客源。

四、推销形式

酒吧一方面可以配合食品推销做一些销售活动，另一方面也可以结合酒吧的销售特点举行一些富有特色的推销活动。

1. 外部推销

外部推销的目的是进一步树立酒吧的良好形象，扩大和提高酒吧的知名度。

（1）访问推销：访问推销是通过拜访客人，当面向客人推销的一种形式。要求销售人员具备较高的语言沟通能力，掌握较好的推销艺术。它有利于销售人员与客人之间建立良好的人际关系，取得客人的信赖。访问推销的成本费用较高，但成功的机会很大。

（2）电话推销：电话推销是通过打电话的形式与客人取得联系，适用于经常光顾和比较熟悉的客人。要求销售人员诚恳、有礼貌，用词简洁，力求精确，重点突出，对客人的要求要做好记录。

（3）广告推销：广告推销是主要推销方式，通过报纸杂志、广播电视、短视频、网络等宣传媒介把推销信息传递给客人，直接或间接地促进产品和服务的销售。广告推销的主要形式有报纸广告、杂志广告、电台广告、电视广告、短视频营销、邮寄广告、网络广告等。

2. 内部销售

外部推销是为了招徕客人，内部推销则是为了让光顾的客人满意，从而吸引他们再次光顾。

（1）酒吧必须给客人提供一个清洁舒适的消费环境，主题突出，气氛和谐，各种摆设井然有序。

（2）服务员举止得当，衣着得体，服务规范，对酒品有充分的了解。留心观察客人的一言一行，揣摩客人的心理，针对性地推销。

五、推销知识

（1）应当确切地知道酒吧销售的饮料品种。
（2）应当熟悉所供应酒水的特点和口味。
（3）应当详细了解酒水的原料成分、调制方法、基本口味、适应场合等。
（4）必须熟悉菜肴与酒水的搭配原则。
（5）应了解每天的特饮及酒水的存货情况。
（6）服务员应规范地向客人提供示酒、开瓶及其他服务。
（7）能根据客人的喜好恰当地推荐酒品，不强制销售。

六、推销方法

1．演示推销

调酒师现场调酒，用优美的动作和高超的技艺吸引客人的眼球，让酒品艳丽的色彩、诱人的味道、精美的装饰刺激客人对酒水的消费欲望。

演示性推销是一种最有效、最可靠的推销手段。这是因为调酒师在充分展示自己形象的过程中，直接展示了饮品的制作过程，客人乐于接受调酒师推荐的饮品，再者，调酒师与客人面对面，有机会与客人聊天，并随时回答客人的提问，有助于增加推销的机会。

2．服务推销

（1）从客人的需求出发推荐酒水。不同客人光顾酒吧的目的不同，其消费需求也不同。对于有一定身份的客人要推销高档名贵的酒水；对于消遣娱乐的客人，可推荐大众酒水；对于团体聚会，可推销瓶装酒水。

（2）从价格高的名牌饮品开始推销。价格高的饮品利润大，可先推销，但要讲究推销的艺术："本酒吧最近从法国进了一批名贵的葡萄酒，有××和××，您尝尝吗？"有一定身份的客人一般不会拒绝。

（3）推荐酒吧特饮或创新饮品。向客人介绍酒吧特饮的独特之处，如由著名调酒师调制，该饮品在××比赛中获得一等奖，以及从味道、色彩等方面向客人介绍，从而引导客人消费。

（4）主动服务，增加销售机会。当客人犹豫不决时，服务员只要略加推销，就可能促成客人消费。这些机会在服务中经常可见，当客人环顾四周或当酒杯已空时,只要适时推销就可以抓住机会。

3．节日推销

各种节日为酒吧创造了良好的推销酒水的机会,很多酒吧利用节日搞一些特色促销活动,吸引更多的客人光顾和消费。有些酒吧还特制节日酒水,以增加酒水的销量。

4．专题活动推销

酒吧可以搞一些专题推销活动,如专场服装表演会、音乐会、舞会等,在活动期间加强酒水的销售。此外,可以配合各种食品节推销酒水,如根据食品节的内容和特点推销独具特色的鸡尾酒;西餐、烧烤、海鲜食品节可推销各色葡萄酒等。

5．优惠价格推销

酒吧可以通过价格的变化来吸引客人。

（1）赠送：客人消费时,赠送新的饮品或小食品以刺激消费。或为了鼓励客人多消费,对酒水消费量大的客人,赠送一定量的酒水,以刺激其他客人消费。赠送是一种象征性的促销手段,一般赠送的酒水价格都不高。

（2）优惠券或贵宾卡：酒吧在举行特定活动或新产品促销期间,事先通过一定方式将优惠券或贵宾卡发到客人手中,或是给予经常光顾的客人优惠券和贵宾卡,客人凭卡就可以享受到折扣,以吸引客人多次光顾。

（3）折扣：酒吧有时会在特定时间如营业淡季打折销售酒水,以吸引客人前来消费。例如,可以利用每天下午4～6点这段营业时间,采用"快乐时光"（Happy Hour）的优惠价格吸引客人。快乐时光常采用买一送一的办法,即买一份酒水赠送一份同样的酒水。另外,还可以为达到一定消费额或消费次数的客人打折,让客人在购买酒水时直接得到实惠,因而具有很大的吸引力。

（4）有奖销售：通过制定不同程度的奖励措施,刺激客人的短期购买行为,这种方式比赠券更为有效。

（5）代为保管酒水：根据酒店客源及所处城市特点,对常住客人和驻华外商组织"酒瓶俱乐部"提供整瓶酒水的代为保管服务,向俱乐部成员提供优惠条件,以吸引更多的客人光顾酒吧。

七、语言技巧

说话是一门艺术,不同的表达方式会收到不同的效果。例如：当我们向客人推销酒水时,有三种不同的询问方式：

(1)"先生,您来点酒水饮料吗?"

(2)"先生,您用什么酒水饮料?"

(3)"先生,您用白酒、啤酒、红酒还是饮料?"

可以看出,第三种问法为客人提供了几种不同的选择,客人很容易在我们的提示下选择其中的一种。

在工作中灵活运用语言推销技巧会大大提高工作效率。

另外,在清台或收空瓶的时候,要善于抓住二次促销的机会。当客人的酒水或小食只剩一两支或少量时,要来到主客面前,礼貌小声地询问:"酒水快喝完了,您看是否需要再加些酒水?"或是询问主客"再来一套(打)吗?"。这里需要注意的是,不要等客人所点酒水所剩无几时再询问客人是否续添酒水,在不知道主客消费意图时,也不要当着其他客人的面大声提醒主客"没有酒水啦",以免主客尴尬。

实训练习

请根据酒水推销技巧,选择一种推销方式,两两一组进行情景模拟练习。

模块 16　主题酒会策划

工作任务

W 公司为答谢全国广大代理商、经销商及意向合作伙伴对公司的支持与帮助,在新年到来之际,特在本地高星级酒店 R 酒店举办答谢经销商及老客户的宴会,并在宴会开始前举行招待酒会。

你是这次 R 酒店酒会的活动策划者,你会为 W 公司此次活动的负责人提供怎样的建议和方案,并协助他们完成这次主题酒会?

引导问题

❖ 主题酒会有哪些形式?

❖ 策划一场主题酒会要做哪些工作?

一、关于酒会

酒会，起源于欧美，是一种经济简便、轻松活泼的招待形式。目前在现代商务活动及其他一些特殊场合如新品发布会上十分流行。

它既可在室内举行，也可在院子或花园里举行，一般不设座位，只设食品台，将餐具分组摆在食品台上，由客人随意取用。酒会进行中，宾主可以自由走动，互相敬酒，自由交谈。酒会开始后，服务员只管斟酒、撤餐具和酒具。

酒会与正式宴会的不同之处是客人在专门的菜台上自取食品，所以又称之为"自助餐会"。

酒会是以自助餐就餐形式服务的，它与自助餐在服务形式上大致相同，不同之处是自助餐厅的客人是先后到来的，而酒会的客人基本上是同时用餐的，所以酒会上的服务相对来讲时间比较集中，需要事先做好充分的准备。

酒会已成为现代商务活动展示产品、扩大社交的平台，更是企业商家招待贵宾、展示企业文化品位、提升企业形象的重要渠道。

那么，举办一场酒会，要经过怎样的流程、又有哪些需要注意的事项呢？

二、酒会的种类

酒会种类很多，有商务酒会、新年酒会、婚庆酒会、家庭酒会、友谊酒会、生日酒会、音乐酒会、时尚派对等。不同性质的酒会在筹办和策划上有很大区别。商务酒会可以加强与社会各界人士的交流，答谢客户对公司的长期支持，创造良好的沟通机会，扩大企业的知名度，推动公司持续发展。

三、酒会的特点

酒会因其气氛热烈、交流方便、进餐自由而深受客人的欢迎。

（1）以酒水为主：有鸡尾酒和各种混合饮料及果汁、冷水、矿泉水，还有啤酒、葡萄酒、香槟酒、白兰地、威士忌、白酒等。

（2）食品简单：酒会食品多为三明治、小香肠、炸鸡腿、面包托、炸春卷、薯条等各种小吃。目前在国内举行的酒会通常会在西式小吃的基础上增加部分中式菜点和小吃。

（3）自选菜肴：就餐采用自选方式，客人可根据自己的口味去餐台选择自己需要的点心、菜肴和酒水。

（4）时间灵活：举行酒会的时间较为灵活，上午、中午、下午、晚上均可，尽管酒会请帖上会约定固定的时间，但实际上，不准时到场者也大有人在。

（5）地点不受限制：举行的地点可在室内，也可在室外，空间不受限制。

（6）不排席次：酒会上，用餐者一般站立交流，没有固定的席位和座次，酒水饮料和食品均由服务员用托盘端送，也有一部分放在餐台上，由客人自由取用。在餐厅周围设小圆桌供客人摆放酒杯、餐巾纸、餐碟、牙签盅等。一般也会设置一些座位，供年长者及身体不适者稍事休息。

（7）交际自由：由于不设座位，酒会具有较强的流动性，客人之间可自由组合，随意交谈。

四、主题酒会的策划

我们在对酒会进行策划的时候，首先要将酒会活动的背景分析清楚，明确举办酒会的目的及想要达到的效果，并做好相关的经费预算。对参与活动的客户群体有一定认知，尽量考虑周全，让来宾感觉轻松自如，方便自在。活动设计还要有创意、有亮点。这样的酒会才是一个高质量的酒会，才能收到良好的社交效果。

如何才能举办一场成功又充满创意的酒会活动呢？

1. 人员邀请

要视酒会主题确定邀请对象。如一些答谢客户的主题酒会，除了邀请客户外，最好还能邀请客户的太太或者朋友（或女友、舞伴）参加。

对于小型酒会，不必非要印制请帖，口头发出邀请即可。邀请可提前两周发出，也可再迟一些，但一定要给客人留出考虑的时间。

对于大型或正式酒会，最好印制专用邀请函。邀请函不仅要设计精美，文字资料亦应详细介绍酒会的主题与特色。该类邀请函一般也应提前两周发出。

发出邀请函后，需专人电话联系，确认对方是否收到邀请函，并了解对方的参加意愿，以确定参会人数。建议每位职员联络并接待10对来宾。接待人员需掌握酒会的全部情况，以便回答客人的任何问题。接待人员还需要确认客人的出行方式，是自驾还是搭乘公司在指定地点的接送车辆，要沟通协调好车辆的停放位置等相关事宜。通常情况下，发出的请帖或口头邀请要多于实际到场的人数，以免出现空场。

2. 场地选择

一场酒会成功与否，场地选择是关键。考虑到天气原因，建议酒会以室内多功能厅为主、以户外为辅。

场地的大小决定了邀请客人的多寡。根据公司情况或拟邀请对象情况，选择一个大小合适的场地十分重要。过于嘈杂和拥挤是举办酒会的大忌。一般来说，来宾应有1平方米的活动空间。

3. 酒会形式

酒会一般都有较明确的主题，如婚礼酒会、开张酒会、招待酒会、产品介绍酒会、庆祝庆典酒会、签字仪式、乔迁祝寿酒会等。这种分类对组织者很有意义，对于服务部门来说，应针对不同主题，选择不同的装饰和酒食品种。

酒会可采用自助晚餐、酒会加舞会、精彩演出、抽奖活动等形式。根据组织形式来分，酒会有两大类，一类是专门酒会，一类是正规宴会前的酒会。

专门酒会单独举行，包括签到、组织者和来宾致辞、时装表演、歌舞表演等。专门酒会可分为自助餐酒会和小食酒会。自助餐酒会一般在午餐或晚餐时进行，而小食酒会则多在下午茶的时候进行。

宴会前酒会比较简单，其功能是在较盛大的宴会开始前为了不让等候着的客人受到冷落而举办。也有把这种酒会作为宴会点题、致辞欢迎的机会，还有的是为了给客人提供一个自由交流、联络感情的场所。当宴会正式开始后，每个人回到自己座位上，只能与同桌客人谈话。

酒会期间还可穿插舞会，并将酒会及舞会控制在60分钟内。

4.酒会布置及准备工作

设计布置要根据不同时期、不同季节、不同客人的需求而定，需要突出某一特定的主题。

（1）酒会一般不设席位，但为了照顾有需要的客人，可在场地四周设座椅、小桌，供有需要的客人临时休息。

（2）场地中间可设一个主菜台，由条桌或方桌拼搭而成，铺上台布，菜台中间可放置鲜花或符合主题的装饰物，菜台四周摆放食品及酒水。

（3）菜台可以是圆形、方形、S形、V形、T形。如需单独设置吧台，以50人设一台为宜，台上摆放各式酒品和酒杯。还可根据人数多少，设置一个或数个酒水台专门放置酒水，由客人自由取用。

（4）提供两三种规格的盘、刀、叉、勺，放在食品桌或餐具桌上。在餐具旁边摆放餐巾纸。

（5）设收餐台数个，供客人放置用过的餐具。服务员要及时清理收餐台。

（6）致辞台或祝酒台一般设在场地最醒目的位置处，以便主人能关注到酒会的每一个角落，从而调动整个酒会的气氛。

（7）可利用墙壁的背景、栅栏、盆景、彩带、彩灯、彩旗、纸扇、字画、雕塑、绿植、鲜花及符合主题的饰品等对场地进行装饰。

（8）在酒会举办地大门口安放引导牌，在会场入口处布置迎宾签名台和礼品台。还可准备一些让来宾随意取阅的宣传册。有些酒会还会在入口处安排拍照区，由专业摄影师负责拍照工作。

（9）调好音响，播放柔和、轻快的背景音乐。有的大型酒会还有花式调酒表演，并邀请舞蹈演员或乐队助兴。这时应提前调试好音响、灯光等演出设备。

（10）如果设计了幸运抽奖、大型户外烟花会演（根据各地情况）等活动，也应做好相关准备工作。

5.物料准备

采购部门要根据酒会的具体方案做好食品与用品的采购工作。在规定的时间内采购好鲜花、彩带、签到用品、客人纪念品、奖品、迎宾提示牌、舞台背景板等物品。

6.酒会服务

酒会服务提供方应召集相关部门负责人召开沟通会，对活动进行时间切割，分区块进行筹备。可以根据工作区域及工作内容确定好各岗位负责人及工作人员，明确总负责人，做到分工明确，将责任落实到个人。

（1）客人抵达会场时，迎宾员热情迎客，做好签到、拍照、资料发放工作。

（2）客人到达会场时，服务员及时送上酒水及餐巾纸。

（3）客人到达吧台时，调酒师礼貌地询问客人的需求并迅速调制好酒水。

（4）巡视服务区域，随时提供服务，包括整理食品陈列台，检查食品温度，保证热菜要热、冷菜要凉，及时添加酒水，补充餐具，撤去空盘、空瓶等。要多观察，主动为客人提供服务。巡视过程中不从正在交谈的客人中间穿过，不打断或打扰客人交谈，若客人间相互祝酒，要主动上前提供续斟酒水服务。

（6）主人致辞、祝酒时，要专门安排一名服务员提供祝酒服务，其他人员则分散在客人间为客人送酒。服务要迅速，保证每位来宾都有酒或饮品在手。

（7）客人自取食品时，服务员要适时提供餐具递送服务，及时收拾整理取餐台，及时补充食品酒水。但要注意，若酒会已近尾声，不要做过多补充，以免浪费。

（8）酒会一般采用站立就餐形式，但有主办方要求在贵宾厅为贵宾、重要领导、年纪较大的客人设立贵宾席，这时应按西餐宴会服务方式提供对客服务。

（9）如有乐队或歌舞表演，要确保有工程部人员在场提供设备的保障和维护服务。

（10）酒会临近结束时，经理或领班要清点客人所用餐食、酒水数量，累计总数 以便酒会结束及时结账。

（11）酒会结束，及时清理现场，检查有否未熄灭的烟头或客人遗留物品。

【例】酒会流程

18：30-19：00 来宾签到

19：00-19：15 介绍主要来宾、主要领导致辞

19：15-20：15 酒会开始，现场来宾自由交流

20：15-21：00 花式鸡尾酒表演、当地少数民族舞蹈表演，互动抽奖

21：00-21：50 交谊舞会

21：50-22：00 户外大型烟花会演（根据实际情况而定）

【实训练习】

根据下面的酒会活动策划表，选择一个主题，进行主题酒会策划训练。

酒会活动策划			
总负责人		联系电话	
项目		内容	完成情况
前期准备	基本信息	确定酒会主题	
		举办酒会的具体时间	
		举办地点	
		考察场地面积及可容纳人数	
		酒会形式	
		策划方案	
		活动布局图	
		活动预算	
	文件制作	初步邀请邮件	
		正式邀请函（对外、对内邀请函）	
		活动日程表	
		前期宣传	
		拟邀请	
	人员邀请	初步邀请——邮件邀约	
		正式邀请（一对一邀请）	
		核实出席人数	
场地布置及物料准备	迎宾区	路标指示牌	
		展示架	
		行李存放处	
		行李牌	
	签到区	签字背景板	
		签到桌	
		多份签到名单、签字笔	

项目		内容	完成情况
场地布置及物料准备	签到区	指示牌	
		活动流程图	
		名牌	
		纪念品发放	
		背景板拍摄位置布局	
		会议前酒吧台桌位置布局	
	会议区表演区	指示牌	
		背景板	
		舞台大小高度	
		演讲桌台花	
		会议文件（演讲 PPT、演讲翻译稿、主持稿）	
		会议活动，如剪彩仪式设备筹备	
		会议大合影活动搭台位置及 KT 板公司标识横幅	
		话筒、音响、插线板	
		投影用电脑、激光笔	
		投影数量	
		位置布局及进出口	
		灯光、室内温度	
	酒会区	指示牌	
		装饰品，如气球、LED 灯、彩灯、鲜花、绿植	
		酒品种类和数量	
		调酒用具	
		酒品存放冰桶、冰块	
		饮料安排	
		吧台的布局位置及数量	
		灯光、温度、背景音乐	

项目		内容	完成情况
场地布置及物料准备	晚宴区	指示牌	
		桌签、桌花	
		菜单筹备、确认上菜时间等	
		自助餐台数量和位置	
		餐桌布局及数量	
		灯光、室内温度、背景音乐	
	延伸活动区	比如大合影场地设备的布置	
人员安排	迎宾区	迎宾	
		行李协助	
	签到区	签到人员	
		物品发放人员	
		签到处摄影人员	
	会议区/表演区	摄影人员	
		IT人员	
		主持人	
		表演节目人员	
	酒会区	酒水统筹员	
		酒水介绍人员	
		每个吧台的服务人员	
	晚宴区	服务人员	
		传菜人员	
其他	交通安排	进场所需自驾车的通行文件	
		自驾车停车位预留	
		进场所需大巴	
		酒会结束所需的大巴及送至市区的集散地	

项目		内容	完成情况
其他	预演	会议现场 IT 设备调试	
		主持演练	
		舞蹈演练	
		乐队演练	
		翻译演练	
	活动执行	监督执行，团队沟通协作	
		临时突发情况应对处理	
	结束评估	感谢信	
		总结评估	

思政园地

中国服务者宣言

播放视频《中国服务者宣言》，将服务意识的培养与培育和践行社会主义核心价值观相结合，教育学生把国家、社会、公民的价值要求融为一体，提高个人的爱国、敬业、诚信、友善修养，引导学生树立我为人人、人人为我的职业意识，自觉把小我融入大我，不断追求国家的富强、民主、文明、和谐，将社会主义核心价值观内化为精神追求、外化为自觉行动。

项目 ❼ 收吧工作

项目7题库

> 一天的营业结束后，调酒师 Alex 将酒瓶一一擦拭干净并全部收到酒水存放柜内，填写了酒水盘存表和原料领货单后，开始清理吧台和安全检查。
>
> 【想一想】营业结束后，调酒师应认真完成哪些环节的收吧工作，以保证酒吧翌日的工作正常进行。

模块 17　酒水盘存

工作任务

- ❖ 掌握酒水盘存的相关知识。
- ❖ 熟悉酒水盘存表的主要内容。
- ❖ 明确酒水盘存工作注意事项。

引导问题

- ❖ 酒水盘存的目的是什么？
- ❖ 酒水盘存表包括哪些内容？
- ❖ 酒水盘存工作应注意什么？

一、酒水盘存的目的

（1）防止失窃。

（2）掌握存货出入的流动率，调整标准库存量。

（3）掌握销售量不大的酒水情况，调整销售内容。

二、酒水盘存注意事项

（1）每班次当值调酒师必须进行酒水盘点工作。

（2）交班或上班前首先要检查盘存表中开吧基数或实存数与库存实际数量是否相符。

（3）填写盘存表时字迹要工整、清晰、无涂改。

（4）填写盘存表时，领入数应与酒水领货单"实发数量"相同，并将酒水领货单附在盘存表后。

（5）填写盘存表时，调进、调出数应与酒吧调拨单上的数量相同，并将调拨单附在盘存表后。

（6）当日售出数应与当日点酒单统计数相等。

（7）盘存酒水时多采用目测法，即把瓶装酒平分成10等份（0.1瓶）来计算用量。

三、酒水盘存工作流程

1. 当日盘点（当日结算）

酒吧结算包括给每一位客人的单笔结算和每日结算。将每位客人所点酒水和食品明细输入收银机中，客人饮酒结束时，打印消费账单让客人确认。账单内容包括人数、服务员、台号、日期、所消费物品的种类、数量、单价、金额、合计金额等。每日工作结束，要依据单笔结算合计出每日销售数，填写每日销售汇总表，然后对当日销售情况进行分析，并对酒吧柜台存放酒水盘点登记。

2. 核准清点酒水

清点当天销售的酒水及酒吧现存的酒水特别是瓶装散酒的剩余量，填写酒水记录单或酒水盘存表。

填写当天酒吧经营状况，包括当天经营额、客人数量、人均消费额、特别事件和客人投诉等。当天的报表主要提供给上级主管，以便其能掌握各酒吧的营业状况和服务情况。

酒水盘存表

部门：酒吧　　　　　　　　　　　　　　　　日期：　年　月　日　晚班

编号	品种	单位	基数	领入	调进	调出	售出	实存	备注
0029	咖啡利口酒	瓶	2	2		1		3	
0803	绝对伏特加	瓶	4		2		3	3	
0526	百威啤酒	瓶	120	80			140	60	
0901	哥顿金酒	瓶	5				3	2	
……	……	……	……	……	……	……	……	……	……

制表人：×××　　　　　　　　　　领班签名：×××

酒水盘存表的主要内容一般包括：

（1）编号：酒店对酒水原料的自编码。

（2）品种：酒水原料的全称。

（3）单位：酒水原料的计算单位，例如以瓶或以箱为单位等。

（4）基数：开吧基数或晚班接班时酒水的实存数。

（5）领入：当日领货数量。

（6）调进：营业中从其他酒吧临时调拨的酒水原料数。

（7）调出：营业中向其他酒吧临时调拨的酒水原料数。

（8）售出：当班营业销售的酒水数量。

（9）实存：营业结束后清点库存的实存数。

（10）制表人：当值调酒师。

（11）领班签名：当值领班签名确认。

实际盘存数的计算方法：基数+领进数+调进数-调出数-售出数=实际盘存数

四、填写工作报表

认真填写工作日报表、酒吧日记等每日所需填报的单据及记录本，做好核对工作，确保每日工作无差错，为上级检查做好准备。

酒吧工作日报表的主要内容包括：当日的营业额、宾客的消费人数、平均消费额，当日发生的特别事件和宾客投诉及投诉的处理情况。酒吧工作日报表是酒吧上级主管或经营者掌握酒吧营业的详细情况和服务状况及经营动态的主要依据。

模块 18　清理吧台

工作任务

- ❖ 了解清理酒吧的工作内容。
- ❖ 掌握清理酒吧的注意事项。

引导问题

- ❖ 清理酒吧的工作内容包括什么？
- ❖ 清理酒吧时需要注意哪些方面？

一、清理酒吧工作内容

营业结束宾客全部离开后，酒吧工作人员就要动手清洁整理酒吧了。

在清洁整理时，应先将使用过的、脏的酒杯全部收起送清洗间消毒；小心取下所有陈列展示的酒水放入酒柜中；将零卖和调酒用酒水用洁净的湿毛巾擦拭瓶口后再放入酒柜中；将装饰性水果用保鲜膜封好放入冷藏柜中保存；凡是启封的啤酒、汽酒和其他碳酸型饮料一定要全部处理掉，不能再存放；收好酒水后，应将存酒柜锁好；用干布将调酒壶、吧匙、量杯、冰夹等擦拭光亮；用

湿毛巾将酒吧台、工作台擦拭整洁，将水槽和冰池用洗洁精洗净；将各种单据表格夹好锁入柜中；将垃圾桶内的垃圾倒掉，并清洗干净。

（1）清洁杯具和调酒用具：一般情况下，酒吧于营业结束前15分钟，应告知客人最后一次点单。当客人全部离开酒吧后，把用过的酒杯、工具全部统一清洗干净，即使没有用过的器具也不例外。清洗过程中如发现酒杯有破损，应立即处理掉，并填写报损清单。将工具收回到工作柜内锁好。

（2）填写各类报表：填写酒水盘存表、每日工作报告，根据酒吧库存和当日销售情况填写酒水领货单。

（3）锁酒柜：把后吧、工作吧中所有的酒瓶擦干净后收回酒水存放柜内，摆放整齐并上锁。

（4）清理装饰物：将所有水果装饰物全部丢弃，不可留到次日再用。未做刀工处理、干净完整的水果应用保鲜膜包好放到冰箱内保鲜。

（5）倒垃圾：除倒掉酒吧内所有垃圾外，还应保证垃圾桶干净、无污迹，不要因为垃圾发酵而充满异味。

（6）清理台凳：擦净桌面及座椅，恢复台凳的摆放原貌。

（7）清洁吧台：营业期间，调酒师会不断地清洁整理吧台，因此，吧台上的污渍相对较少。每天营业前后，用抹布擦拭前吧台、工作吧台和后吧台正面和侧面，喷上上光蜡，再用毛巾擦拭光亮即可。多数酒吧是以不锈钢作为台面的，可直接用清洁剂擦拭，然后用干毛巾擦干。

（8）清理星盘：把星盘内剩下的冰块全部倒掉，用清洁剂清洗每一个盘槽，最后统一用干布擦干净，要求无积水、无污迹。

（9）清洁地面：酒吧地面常用石质材料或地板砖铺砌而成，营业前后都要用拖把将地面擦洗干净。

（10）清洁其他区域：酒吧其他营业区域主要包括吧台外的宾客座位区和卫生间，以及酒吧门厅等场所，这些区域一般由接待员清洁和整理。在整理过程中要将台面上的烟灰缸、花瓶和酒牌按酒吧指定位置摆放整齐。

（11）清洁冷藏柜和展示冷柜：冷藏柜和展示冷柜由于经常堆放酒瓶、罐装水果和听装饮料，很容易在隔架层上形成污渍，所以必须每天用湿抹布擦拭。营业结束后，冰箱、制冰机等不用切断电源：冰箱要24小时运行，一是延长酒水原料的保质期，二是让需要预冷的酒水保持恒温。制冰机也不能中断制冰，要随时补充营业中消耗的冰块。

二、其他工作

（1）切断电源：应切断冰箱、制冰机之外的一切电源，包括灯、电视机、空调、音响、咖啡机、咖啡炉、搅拌机、生啤酒机等。

（2）全面安全检查：清理、清点工作完成后要再全面检查一次，特别是要排除火灾隐患。

（3）锁好门窗：关上窗户，锁好酒吧大门，将酒吧钥匙交至前厅保管，同时在交匙登记本上做好记录。

（4）把当日工作报表、酒水小食供应单、酒水调拨单、缺货通知单等一并交酒水部办公室或酒吧经理，方可下班。

思政园地

中国传统文化中的匠人精神

在中国传统文化中，工匠精神比比皆是。在《诗经》中，人们就把对骨器、象牙、玉石的加工形象地描述为如切如磋、如琢如磨。《庄子》的"庖丁解牛，技进乎道"，《尚书》的"惟精惟一，允执厥中"，以及贾岛关于"推敲"的斟酌，都体现了古代中国的匠人精神。

中国古代工匠匠心独运，他们把对自然的敬畏、对作品的虔敬，对使用者的将心比心，连同自己的揣摩感悟，全部倾注于一双巧手，创造出令西方叹为观止的古代科技文明。曾侯乙编钟高超的铸造技术和良好的音乐性能，改写了世界音乐史，被中外专家学者称为稀世珍宝；北宋徽宗时烧制的汝瓷，其釉如"千峰碧波翠色来""似玉非玉而胜玉"，以至"纵有家财万贯，不如汝瓷一片。"

只有沉得下心、坐得住"冷板凳"，才能做出匠心独运、经得起时间检验的作品。如今，尊重工匠的劳动，以良好的环境催生新时代的工匠精神已上升到了国家战略高度，我们要充分发挥自己的主观能动性，让工匠精神大放异彩。

附录❶ 酒水服务英语常见词汇

Professional nouns 专业名词

Bar 酒吧
Bartender 调酒师
Barman 酒吧服务员
Wine List 酒单
Liter 升
Par 基本存量
Proof 酒精度数

听力·专业名词

Wine 酒品

Rum 朗姆酒
Cocktail 鸡尾酒
Brandy 白兰地
Whiskey 威士忌
Scotch 苏格兰威士忌
Bourbon 烈性威士忌
Irish 爱尔兰威士忌
Vodka 伏特加酒
Gin 金酒
Aperitif 开胃酒
Campari 金巴利

听力·酒品

Pernod 皮诺

Dubonnet 杜本内

Martini Rosso 马天尼

Dinner Wines 佐餐酒

Fermented 发酵酒（酿造酒）

Sparkling Wine 起泡酒

Beer 啤酒

Black beer 黑啤酒

Draft Beer 生啤酒

Sake 日本清酒

Liqueurs Cordials 甜酒

Tequila 特吉拉酒

Cherry Heering 樱桃甜酒

Grand Marnier 金万利

Amaretto 杏仁甜酒

Kahlua 咖啡甜酒

Creme De Cassis 黑加仑（黑醋栗）

Champagne 香槟

Methods of Mixology 调酒方法

Stirring 调和法

Shaking 摇和法

Floating 漂浮法

Building 兑和法

Blending 搅和法

听力·调酒方法

Drinks 饮料

Apple Juice 苹果汁

Lemon Juice 柠檬汁

Tomato Juice 番茄汁

Orange Juice 橘子汁

听力·饮料

Grape Juice 葡萄汁
Strawberry Purees 草莓水果浓汁
Pineapple Juice 凤梨汁
Passion Fruit Juice 百香果汁
Papaya Juice 木瓜汁
Coconut Milk 椰子奶
Seven Up 七喜汽水
Sprite 雪碧汽水
Coca Cola 可口可乐
Soda Water 苏打水
Mineral Water 矿泉水

Bar Utensil 酒吧用具

Punch Bowl 香槟桶
Wine Cooler 酒桶
Wine Cooler Stand 酒桶架
Ice Bucket 冰桶
Ice Tongs 冰夹
Measure for Liquor 量酒器
Cocktail Shaker 摇酒壶
Cocktail Strainer 过滤器
Mixing Glass 调酒杯
Bar Spoon 吧匙
Bottle Opener 开瓶器
Cork-screw 螺丝刀
Wine Opener 开瓶刀
Straw 吸管
Pitcher 水壶
Wooden Muddler 木质搅拌棒

听力·酒吧用具

Glassware 玻璃器皿

听力·玻璃器皿

Water Goblet 水杯

Red Wine Glass 红酒杯

White Wine Glass 白酒杯

Liqueur Glass 利口杯

Sherry Glass 雪利杯

Cocktail Glass 鸡尾酒杯

Collins 柯林斯杯

Old Fashioned 古典杯

Champagne Flute 窄口香槟杯

Champagne Saucer 宽口香槟杯

Brandy Glass 白兰地杯

Beer Glass 啤酒杯

Beer Mug 扎啤杯

Mug 马克杯

Beer Tumbler 平底啤酒杯

Hi-Ball 饮料杯（海波杯）

Juice Glass 果汁杯

Balloon Glass 大红酒杯

Margarita 玛格丽特杯

Irish Coffee Glass 爱尔兰咖啡杯

Decanter 沉淀杯

Salt Rimmer 雪盐杯

Sugar Rimmer 雪糖杯

Pousse Café 彩虹酒杯

Shot Glass 短饮酒杯

Bill 账单类

听力·账单类

Check Folder 账单夹
Tab 账单
Beverage Menu 饮料单
In blocked Letter 正楷
Signature 签名
Pay Cash 付现金
VIP Card 贵宾卡
Discount Card 打折卡
Credit Card 信用卡
Sign Bill 签单
Charge to Room 挂房账
One Check 一张单据
Separate Check 分单

附录❷ 酒水服务英语常用表达

Greeting guests at the door 迎宾

听力·迎宾

1. Good morning, ladies and gentlemen.
   早上好,女士们,先生们。
2. Welcome to our bar.
   欢迎光临我们酒吧。
3. Glad to meet you again.
   欢迎再次光临。

Asking whether the guests have a reservation or not 是否有预订

听力·是否有预订

1. Do you have a reservation? /Have you got /made a reservation?
   您有预订吗?
2. In whose name was the reservation made?
   请问以谁的名义预订的?
3. Let me check the reservation list. We do have a reservation under Mr.Smith.
   让我查一下预订单。我们的确有史密斯先生的预订。
4. You reserved a table for two by the window.
   您预订了一张靠窗的两人桌。
5. How many people are in your party?
   一共多少人用餐?
6. I'm sorry, sir. There's no vacant table for the moment.
   先生,很抱歉。现在没有空位了。

7. The bar is full now. But we might be able to seat you in 20minutes.

   酒吧现在客满。但我们可以在20分钟后安排您入座。

8. Could you wait for a moment in the lounge, please?

   请您在休息室稍等一下。

9. We'll seat you as soon as we have a table.

   一有空桌我们就会安排您入座。

10. Sorry to have kept you waiting.

    抱歉让您等这么久。

11. Your table is ready now, sir. Please come with me.

    先生，您的桌子已经准备好了。请随我来。

Leading guests 引导客人

听力·引导客人

1. This way, please.

   这边请。

2. Come with me.

   请跟我来。

3. Could you follow me, please?

   请跟我来，好吗?

4. Would you come this way, please.

   请您这边走。

Where to sit/ choosing a table 选择座位

听力·选择座位

1. Is this table OK?

   这张桌子可以吗?

2. Is this table fine with you?

   这张桌子您还满意吗?

3. Will this table be all right?

   这张桌好吗?

4. Would you like this table?

   您愿意坐这张桌子吗?

5. Would you like to take this table?

   您愿意坐这张桌子吗?

6. Where would you like to sit?

   您想坐哪儿？

7. Where would you like to sit, here by the window or near the door?

   您想坐哪儿，窗边还是门边？

8. Would you like to sit in the smoking or non-smoking section?

   您想坐在吸烟区还是非吸烟区？

9. Would you like a table near the bar or by the window?

   您是坐在吧台旁还是坐在窗口旁？

10. Which would you like better, a table in the hall or a private room?

    您想要大厅的位置还是单独的包房？

11. The minimum charge for a private room is 200 Yuan per person.

    包间的最低人均消费是 200 元。

12. We have a table reserved for you.

    我们为您预留了位子。

Taking a seat 入座

1. Take a seat, please!

   请坐！

2. I'll bring you the wine list. Please wait a moment.

   我给您拿酒单来，请稍等。

3. Here's the wine list. Please take your time and a waiter will come to take your order.

   这是酒单。请您慢慢看，待会儿服务员会来帮您点酒。

听力·入座

Taking orders 点酒

1. Here is the wine list.

   这是酒水单。

2. Are you ready to order now? / May I take your order now?

   请问您现在可以点酒了吗？

3. What would you like to drink, sir?

   您想喝点什么，先生？

听力·点酒

4. The dry white wine is sold by bottle.

   干白葡萄酒是按瓶卖的。

5. Would you like to order an aperitif?

   您要先来点开胃酒吗？

6. Would you like to try our special drinks?

   您想尝一下我们的特饮吗？

7. Cocktails are available, such as Martini, Manhattan. Which do you prefer?

   我们有各种鸡尾酒，如马天尼、曼哈顿酒。您要哪种？

Paying Bills 结账

听力·结账

1. Would you like to have the bill now, sir?

   请问您是现在结账吗？

2. Sir, this is your bill. It comes to RMB...

   这是您的账单，先生。总共是人民币……

3. How would you like to pay, in cash or by credit card?

   请问您想怎么付账，现金还是信用卡？

4. Service charge is included in the bill.

   账单里包含了服务费。

5. There is a 10% discount on the total bill.

   给您的总账单打了九折。

6. A 10% service charge has been added to the total.

   总费用中加收了10%的服务费。

7. Please check it first.

   请先核对一下。

8. Would you like the amount on the same bill or separately?

   请问是分单结账还是合在一起结账？

9. Would you like to pay one bill or separate bills?

   请问是一起买单还是分开买单？

10. I'm sorry. I shall add it up again, madam.

    对不起，我再算一遍，夫人。

11. Excuse me, sir. May I have your room key and room card?

    对不起，先生，您能告诉我您的房号并出示您的房卡吗？

12. Please sign your name and room number here.
    请签上您的姓名和房间号码。

13. Excuse me, sir. Would you please sign your name here?
    打扰了，先生，请在这儿签名。

Farewell 送客

听力·送客

1. Glad you enjoyed your meal, Good-bye.
   很高兴您用餐愉快，再见。

2. Thank you very much. Have a nice day/evening.
   十分感谢！祝您有愉快的一天/夜晚。

3. Thank you, sir. We hope to see you again.
   谢谢，先生！希望再次为您服务。

4. We hope to serve you again, sir. Good night.
   希望再次为您服务，先生。晚安。

5. Thank you for coming. Welcome again next time.
   感谢光临。欢迎下次光临。

附录❸ 酒水服务英语日常对话

Dialogue 1

B：Barman 服务员　G：Guest 客人

听力·对话1

B: What would you like to have, sir? 先生，您喝点儿什么？

G: Gin, please. 金酒。

B: With ice or not, sir? 您需要加冰吗？

G: Ice, please. 是的，请来点儿冰。

B: So, a Gin with ice. 您要的是金酒加冰。

G: Yes, please. 是的。

B: I'll be back. 我很快回来。

Dialogue 2

B：Barman 服务员　G：Guest 客人

听力·对话2

B: How are you, Mr. Smith? 史密斯先生，您好。

G: Very well, thanks. 很好，谢谢。

B: Some wine, please? 您喝葡萄酒吗？

G: I'll have a change tonight. I'd like to try your beer. 今晚我想换换口味，我想尝尝你们的啤酒。

B: That's good. Local beer or imported? 本地啤酒还是进口啤酒？

G: What local beer is available? 有哪些本地啤酒？

B: We've got Beijing beer and TsingTao beer and both of them taste good. Maybe Tsingtao beer is a little bit more popular than Beijing beer. 有北京啤酒和青岛啤酒，两种都不错。青岛啤酒的知名度更高一些。

G: Then, what is your suggestion? 您推荐哪种？

B: My idea? You are in Beijing now, and why not consider Beijing beer first? 我的意见吗？您现在人在北京，为何不考虑一下北京的啤酒？

G: Good idea. Beijing beer, please. 不错。请给我北京啤酒。

B: OK. What else would you like? 好的。还要其他的吗？

G: Nothing at the moment. 暂时不要。

B: One Beijing beer. 一扎北京啤酒。

G: Right. 是的。

B: I'll be back soon. 请稍候。

Dialogue3

B：Barman 服务员　G：Guest 客人

B: Hello，What would you like to drink? 您好，喜欢喝点什么？

G: Some wine, white wine, please. 白葡萄酒。

B: What about Great Wall white wine, sir? 先生，长城白葡萄酒怎么样？

G: Good idea. 好主意。

B: One Great Wall white wine. 一杯长城白葡萄酒。

G: Right. 是的。

B: Right away. 请稍等。

A moment later…

B: Here you are. Enjoy it, please. 这是您的酒，请享用。

Dialogue4

B：Barman 服务员　G：Guest 客人

G: The bill, please. 买单。

B: Please wait a moment. 请等一下。

After a while…

B: Here's the bill, sir. The total amount is RMB 300 yuan. 这是您的账单，总共300元人民币。

G: What is it for? 这项是什么？

B: For the beer, sir. 是啤酒的消费，先生。

G: I see. 明白了。

B: Would you like to sign the bill? 签单吗？

G: Yes, Please. 签单。

B: Your room number, please? 请问房间号？

G: Room 3016. 3016。

B: Room 3016. Sign here, please. 3016，请签此处。

G: Sure. 好的。

B: Thanks. I hope you have enjoyed your drink. 谢谢。祝您愉快。

Dialogue5

B：Barman 服务员　G：Guest 客人

B: What would you prefer, sir? 先生您需要什么？

G: Whiskey, please. 威士忌。

B: Here is our drink list. We've got Scotch, Premium Scotch, Irish Whiskey, Canadian Whiskey and Japanese Whiskey. Which one would you prefer? 这是饮品单。我们有苏格兰威士忌、高级威士忌、爱尔兰威士忌、加拿大威士忌和日本威士忌。您想要哪一种？

G: I prefer this one, Old Bushmills. 要这个，百世醇。

B: Would you like it with ice or not? 需要加冰吗？

G: On the rocks, please. 是的。

B: Yes, one Old Bushmills on the rocks. 一份百世醇加冰。

G: Right. 是的。

Dialogue6

B：Barman 服务员　G1：Guest1 客人1　G2：Guest2 客人2

B: What would you like, sir? 您想喝点儿什么？

G1: Brandy. I always have it. 白兰地。我不喝别的。

B: XO or VSOP? Here is the list. 您要XO还是要VSOP？这是酒单。

G1: My favorite is Martell Cordon Blue. 我要蓝带马爹利。

Turn to Guest 2

B: What about you, sir? Something different? 这位先生，您需要什么？

G2: Courvoisier XO. 拿破仑 XO。

B: Yes. One Martell Cordon Bleu and one Courvoisier XO.
一杯蓝带马爹利，一杯拿破仑 XO。

G1: Ice, please. 请加冰。

G2: Me, too. Barman，Both with ice. 我也是。

B: Both with ice. 两杯都加冰。

Dialogue7

B: Barman 服务员　G1：Guest1 客人 1　G2：Guest2 客人 2

B: How are you, madam and sir? 女士、先生，你们好。

G: Good. 您好。

B: Can I help you? 请问喝点什么？

G1: What shall we enjoy tonight, Amy? 艾米，我们喝点什么？

G2: What do you think of cocktails? 鸡尾酒如何？

G1: That's a good idea. Waiter, two cocktails, please. 好主意。服务员，两杯鸡尾酒。

B: Both are alcoholic cocktails, aren't they? 两杯含酒精的鸡尾酒，对吗？

G2: A non-alcoholic one for me, please. 请给我无酒精的鸡尾酒。

G1: One with brandy for me. 我要含白兰地的鸡尾酒。

B: What about brandy Alexander, sir? There is mint liqueur, lemon juice, ice and brandy. 先生，亚历山大如何？它含有薄荷、柠檬汁、冰块和白兰地。

G1: That's OK. 可以。

B: One brandy Alexander and one non-alcoholic cocktail. 一杯亚历山大，一杯无酒精的鸡尾酒。

G: Yes. 是的。

二维码资源列表

1. 听力·酒水服务英语

(1) Vocabulary 常见词汇

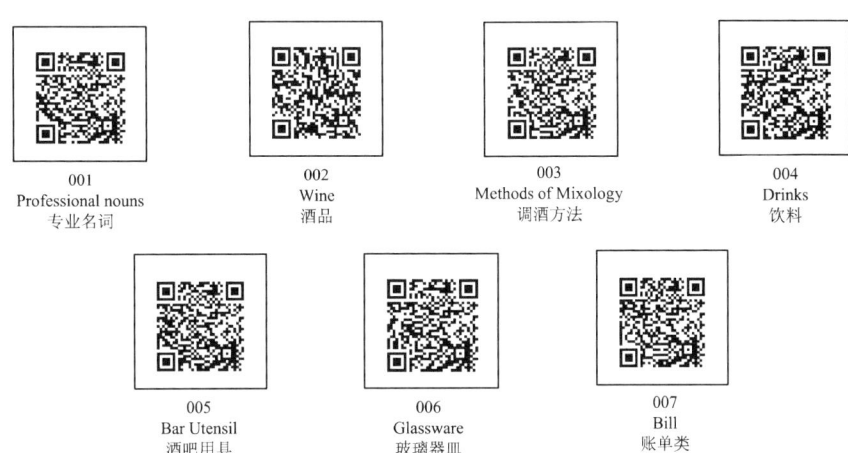

(2) Useful Expressions 常用表达

(3) Dialogue 日常对话

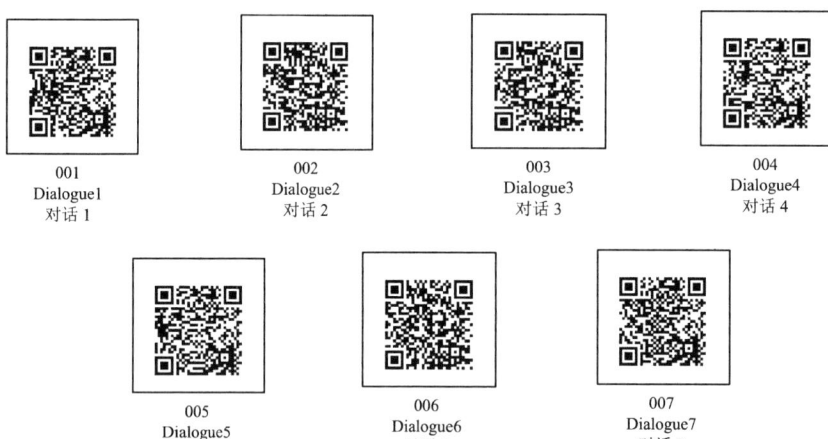

2. PDF·必备专业知识

3. 题库

4. 教学视频

（1）鸡尾酒装饰

001
鸡尾酒装饰 1
橙皮

002
鸡尾酒装饰 2
柠檬、薄荷、樱桃

003
鸡尾酒装饰 3
橙皮

004
鸡尾酒装饰 4
迷迭香、橙皮

005
鸡尾酒装饰 5
柠檬、草莓、薄荷

006
鸡尾酒装饰 6
菠萝、小番茄

007
鸡尾酒装饰 7
橙子

008
鸡尾酒装饰 8
苹果

009
鸡尾酒装饰 9
橙皮

010
鸡尾酒装饰 10
阳桃、迷迭香

011
鸡尾酒装饰 11
柠檬

012
鸡尾酒装饰 12
橘皮

013
鸡尾酒装饰 13
橙皮、葡萄

014
鸡尾酒装饰 14
牛蛇果、樱桃

015
鸡尾酒装饰 15
草莓

（2）酒吧水果盘制作

001
酒吧水果盘制作 1
日出东方

002
酒吧水果盘制作 2
峰峦叠嶂

003
酒吧水果盘制作 3
同舟共济

004
酒吧水果盘制作 4
赤峰独秀

005
酒吧水果盘制作 5
全家福

（3）鸡尾酒调制

001 椰林飘香　　002 新加坡司令　　003 特吉拉日出

（4）酒水出品服务

001 白兰地出品服务　　002 威士忌出品服务　　003 特吉拉出品服务　　004 软饮料出品服务

（5）葡萄酒服务

001 白葡萄酒服务　　002 红葡萄酒服务　　003 起泡葡萄酒服务

参考资料

[1] 徐利国.调酒知识与酒吧服务[M].北京：高等教育出版社，2010.

[2] 李晓东.酒吧知识与酒吧管理[M].北京：高等教育出版社，2005.

[3] 国家旅游局人事劳动教育司.酒水知识与服务[M].北京：旅游教育出版社，2004.

[4] （法）费多·迪夫思吉.酒吧圣经[M].上海：上海科学普及出版社，2012.

[5] 全国标准信息公共服务平台——饮料酒术语和分类.

后记

《酒水服务》第3版教材由桂林市旅游职业中等专业学校和旅游教育出版社组成的编写团队共同修订完成。桂林市旅游职业中等专业学校的文珺、刘玉、曾萍担任主编，赵丽华、胡瑾、陈莹、张玉、喻敏捷、罗琳担任副主编，旅游教育出版社景晓莉负责第3版的改版修订工作。

具体分工如下：项目1、项目2由曾萍编写；项目3、项目7由刘玉编写；项目4由文珺编写；项目5由赵丽华编写；项目6由胡瑾、喻敏捷编写；酒水服务英语由胡瑾编写；视频脚本由张玉、罗琳、文珺完成；第2版图片整理及视频拍摄制作由罗琳负责；题库、世界经典鸡尾酒配方由文珺编写；【牛刀小试】板块素材由文珺提供；【思政园地】素材由贵州水利水电职业技术学院栾鹤龙提供；陈莹负责稿件审核。

第3版教材在完全保留第2版教材内容的基础上，在出版形式上进行了很大调整，主要是将"加油站"分散在各模块中碎片化的内容整合到一起，插入正文相关教学环节中，同时新增插图及图注，目的是进一步强化教材的系统性和完整性。

2022年6月1日，国家标准《饮料酒术语和分类》(GB/T 17204-2021)发布实施，其中涉及的术语和分类主要与本书"项目5酒水出品服务"有关。为保证教材的严谨性和权威性，第3版教材对国家标准中涉及的模块11、模块12、模块13、模块14中有关烈性酒、啤酒、葡萄酒和软饮料的术语及分类进行了重新编写，并将"烈性酒"改称"蒸馏酒"。

为与教学视频配套，第3版教材在"模块9调制鸡尾酒"中新增"酒吧水果盘的制作"文本内容；另外在二维码教学资源中新增"不同色度啤酒"教学资源。

由于编者水平有限，书中难免存在错漏之处，恳请专家、读者批评指正。

编者

2023年11月